NOUVELLE

CAMPAGNE

EUGÈNE FASQUELLE, ÉDITEUR, 11, RUE DE GRENELLE

OUVRAGES DU MÊME AUTEUR
DANS LA BIBLIOTHÈQUE-CHARPENTIER
à 3 fr. 50 chaque volume.

LES ROUGON-MACQUART
HISTOIRE NATURELLE ET SOCIALE D'UNE FAMILLE SOUS LE SECOND EMPIRE

LA FORTUNE DES ROUGON.	34e mille.	1 vol.
LA CURÉE.	43e mille.	1 vol.
LE VENTRE DE PARIS.	40e mille.	1 vol.
LA CONQUÊTE DE PLASSANS.	37e mille.	1 vol.
LA FAUTE DE L'ABBÉ MOURET.	49e mille.	1 vol.
SON EXCELLENCE EUGÈNE ROUGON.	30e mille.	1 vol.
L'ASSOMMOIR.	136e mille.	1 vol.
UNE PAGE D'AMOUR.	88e mille.	1 vol.
NANA.	182e mille.	1 vol.
POT-BOUILLE.	88e mille.	1 vol.
AU BONHEUR DES DAMES.	66e mille.	1 vol.
LA JOIE DE VIVRE.	51e mille.	1 vol.
GERMINAL.	99e mille.	1 vol.
L'ŒUVRE.	56e mille.	1 vol.
LA TERRE.	118e mille.	1 vol.
LE RÊVE.	99e mille.	1 vol.
LA BÊTE HUMAINE.	94e mille.	1 vol.
L'ARGENT.	86e mille.	1 vol.
LA DÉBACLE.	191e mille.	1 vol.
LE DOCTEUR PASCAL.	88e mille.	1 vol.

LES TROIS VILLES

LOURDES	143e mille.	1 vol.
ROME.	100e mille.	1 vol.

ROMANS ET NOUVELLES

CONTES A NINON. Nouvelle édition.	1 vol.
NOUVEAUX CONTES A NINON. Nouvelle édition.	1 vol.
LA CONFESSION DE CLAUDE. Nouvelle édition.	1 vol.
THÉRÈSE RAQUIN. Nouvelle édition.	1 vol.
MADELEINE FÉRAT. Nouvelle édition.	1 vol.
LE VŒU D'UNE MORTE. Nouvelle édition.	1 vol.
LES MYSTÈRES DE MARSEILLE. Nouvelle édition.	1 vol.
LE CAPITAINE BURLE. Nouvelle édition.	1 vol.
NAÏS MICOULIN. Nouvelle édition.	1 vol.

THÉATRE

THÉRÈSE RAQUIN. — LES HÉRITIERS RABOURDIN. — LE BOUTON DE ROSE.	1 vol.

ŒUVRES CRITIQUES

MES HAINES.	1 vol.
LE ROMAN EXPÉRIMENTAL.	1 vol.
LE NATURALISME AU THÉATRE.	1 vol.
NOS AUTEURS DRAMATIQUES.	1 vol.
LES ROMANCIERS NATURALISTES.	1 vol.
DOCUMENTS LITTÉRAIRES.	1 vol.
UNE CAMPAGNE, 1880-1881.	1 vol.
NOUVELLE CAMPAGNE, 1896.	1 vol.

EN COLLABORATION

LES SOIRÉES DE MÉDAN.	21e mille.	1 vol.

ÉMILE ZOLA

NOUVELLE CAMPAGNE

— 1896 —

PARIS
BIBLIOTHÈQUE-CHARPENTIER
EUGÈNE FASQUELLE, ÉDITEUR
11, RUE DE GRENELLE, 11
1897
Tous droits réservés.

Tous les articles réunis dans ce volume ont paru dans le Figaro, *excepté le dernier.*

E. Z.

L'OPPORTUNISME DE LÉON XIII

L'OPPORTUNISME DE LÉON XIII

Un catholique français, non pas un simple dévot de culture médiocre, de croyance étroite, mais un esprit religieux, instruit, aux idées larges, fait le voyage de Rome, visite des prélats, s'entretient avec des cardinaux, est reçu en audience particulière par le Pape. Et je m'imagine sa stupeur, au milieu du monde imprévu dans lequel il est brusquement tombé !

Lui, arrive dans Rome avec la religion de son pays, de sa race, de ses habitudes politiques et sociales. C'est une religion restée militante, qui s'attarde encore à discuter et à prouver l'existence de Dieu. D'une part les croyants, de l'autre les athées ; et la bataille s'éternise, avec une rudesse, une continuelle flamme de passion, sans que la paix puisse se faire entre les deux camps qui se disputent le sol et le peuple. En outre, cette religion est mêlée au sang même de notre histoire nationale, elle est chez nous d'une classe et d'un parti, si étroitement liée à l'idée d'aristocratie et au principe de monarchie absolue, qu'elle paraît en danger de mort, dès qu'une République égalitaire balaye le trône et ses défenseurs.

A Rome, au contraire, voici beau temps que la religion ne se discute plus. Sur cette terre conquise, Dieu n'est plus à prouver. Il est là chez lui, il règne en antique roi, dont personne ne songe à mettre en doute l'existence. Et cette religion, depuis si longtemps reine paisible, jouissant sans lutte de la possession totale des âmes, n'est point la propriété exclusive d'une caste, d'une dynastie, car elle est le peuple entier ; et elle est même davantage, elle est l'humanité, l'universalité des nations, par-dessus les frontières. L'idée de patrie finit par disparaître : les empires peuvent crouler, Rome reste immuable.

Alors, s'imagine-t-on la stupeur de notre catholique français ? Il arrive bouillant de nos querelles religieuses, dépensant son ardeur guerrière en belles discussions dogmatiques ; et il voit tout le Vatican qui sourit avec douceur, plein d'un mépris courtois pour tant de zèle inutile. Dieu est le créateur, le maître du monde. Mais, puisqu'il ne se montre pas, puisqu'il a délégué sa puissance au Pape, chef de la sainte Église, il ne reste à régler qu'une question de gouvernement. On a mis Dieu au fond du sanctuaire, il règne sans gouverner du haut du ciel, dans l'immobilité de sa gloire. Et il faut bien gouverner à sa place, l'Église ne saurait même avoir d'autre fonction, le Pape est un dictateur nommé à vie, chargé d'expédier les affaires de la chrétienté, avec le concours de son Sénat, le Sacré-Collège. Certes, le Saint-Esprit est là qui veille, l'infaillibilité en découle, il ne s'agit que de conduire les hommes à leur salut, par les voies les plus courtes ; mais, en somme, dans la pratique quotidienne des choses, ce n'est toujours qu'une vaste administration, des ministères et des bureaux, menant le monde, sans avoir à perdre son temps dans la discussion oiseuse de savoir si Dieu est là-haut ou s'il n'y est pas. Il y est sûrement, puisqu'on gouverne en son nom.

De même, quand notre catholique français apporte sa passion politique toute chaude, entend garder Dieu pour son parti et le forcer à maintenir le pouvoir de son choix, le Vatican se contente de sourire encore, discrètement. La France a beau être la fille aînée de l'Église, elle n'est point toute la famille. Le Pape a charge de la famille entière, des sœurs adverses qui s'entre-déchirent, de sorte que rien n'est plus délicat que sa situation, dans l'éternel conflit international. Lui, ne saurait avoir de patrie, et son unique tactique ne peut être que le triomphe de la religion, même sur les ruines des nationalités agonisantes, en train de disparaître. Lier le sort de la religion à une classe, à une dynastie, courir le risque de la voir sombrer avec elles, le jour où elles sont condamnées, serait une faute absurde. Non, non! périssent les aristocraties et les royautés, et que Dieu vive!

* * *

Depuis des mois, c'est une de mes grandes curiosités que de suivre l'embarras sans cesse renaissant où les catholiques de France mettent Léon XIII, à propos de la loi sur le droit d'accroissement. Le cas est certainement un des plus typiques qui se puissent citer.

Voilà une loi ne touchant en aucune façon au dogme, n'ayant pour ainsi dire qu'un intérêt local. Mais les catholiques en ont fait un cheval de bataille, et ils ont résolu de s'en servir comme d'un instrument de guerre contre la République. Ajoutez que les passions religieuses, toujours vives chez nous, se sont exaspérées, dès que les évêques ont cru devoir prendre parti. Ce sont de terribles brouillons que nos évêques, dont on a une sainte terreur en cour de Rome, tant leur zèle est parfois intempestif. Les uns conseillent la révolte aux congrégations, les autres laissent entendre que la soumission leur paraît plus sage ; et la guerre est allumée, une guerre au couteau qui n'a plus aucune raison de finir, dans notre pays d'éternelle dispute.

Et le contre-coup se produit naturellement à Rome. Les lettres pleuvent à la Secrétairerie d'État. Chaque congrégation demande des ordres : doit-elle céder, doit-elle résister ? Les plus fougueux des évêques ne peuvent se tenir, et ils font le voyage, ils assiègent l'antichambre du Saint-Père. Cependant, celui-ci est fort ennuyé. La vérité est que la question le laisse froid, au milieu de tant d'autres problèmes vastes, universels, d'une importance vitale pour le catholicisme. Qu'importe, au fond, que sur ce coin de terre de France les congrégations rentrent ou ne rentrent pas sous le droit commun, lorsqu'il s'agit de conquérir les démocraties montantes, de trouver dans le renouveau des peuples un renouveau du christianisme! Mais allez donc conter cela à des évêques, à des fidèles, qui croiront que Dieu est mort et que la franc-maçonnerie triomphe, si le Pape ne dit pas son fait à la République française !

Léon XIII, alors, n'a d'autre arme, pour s'en tirer, que l'éternelle arme de Rome, le silence : se taire, écrire le moins possible et attendre. Seulement, on le traque, on force sa porte, on l'oblige à parler. Il n'est pas de visiteur français, ecclésiastique ou même simple laïque, qui ne veuille avoir son avis sur ce droit d'accroissement, dont la discussion met en rumeur le clergé de France. Ce sont des interviews déguisées, ses moindres réponses sont imprimées, commentées à l'infini. Tout évêque revenant de Rome se croirait sans prestige, s'il ne rapportait une parole de Sa Sainteté, entendue de ses oreilles, affirmée en toute bonne foi. Sans compter les lettres du cardinal Rampolla, dont les moindres phrases, les phrases d'habituelle courtoisie, bouleversent nos diocèses.

Et il arrive fatalement ceci, c'est que Léon XIII paraît avoir plusieurs paroles. A l'un il a dit blanc, à l'autre il a dit noir. Si l'on écoute celui-ci, le Pape s'est prononcé nettement pour la résistance à outrance ; si l'on écoute celui-là, il conseille la soumission immédiate. La moindre accusation qu'on lui adresse est d'avoir un double visage, une face d'apparence aimable pour la République française, tandis que l'autre face souffle chez nous la discorde, pousse à la guerre civile. Et c'est ainsi, depuis des mois, une confusion extraordinaire, des commérages sans fin, pour un mot écrit, pour une parole entendue.

Ah! qu'on l'ennuie, ce Pape sage et prudent! Avoir le monde sur les bras et être fatigué quotidiennement par des querelles de boutique! Dès le premier jour, sa volonté a été formelle de ne pas risquer inutilement son autorité, dans cette bagarre de simples intérêts particuliers. Et il est bien possible que les uns aient entendu noir, tandis que les autres entendaient blanc. Mais c'est bonnement qu'il ne pouvait leur répondre à tous : « Peu importe, agissez à votre guise, et laissez-moi à ma conquête du monde moderne! »

*
* *

Il est un autre cas qui promet de doux moments aux observateurs curieux. Je veux parler du Congrès des religions, lors de notre Exposition de 1900, et dont l'abbé Charbonnel s'occupe avec une belle flamme de passion et de foi.

On sait qu'un pareil Congrès s'est déjà tenu à Chicago avec un plein succès. Le but est de réunir les prêtres de toutes les religions du monde, de façon à trouver un terrain, la croyance en un Dieu créateur, le Père infiniment bon et juste, où l'entente puisse se faire, universelle, dans une prière unique, un acte de foi commune. Et cela est certainement fort grand, d'une tolérance admirable, sans parler des fruits merveilleux que les enthousiastes en espèrent.

Je n'entends pas donner ici mon opinion, car c'est une bien grosse affaire, qu'on ne peut juger en vingt lignes. Je veux faire simplement remarquer que le Pape avait adhéré à ce Congrès, puisque des évêques catholiques y ont assisté. Aujourd'hui, la question revient, aggravée, du moment que la réunion ne doit plus avoir lieu là-bas, en Amérique, mais en France, dans ce Paris retentissant, d'où partent les révolutions. Et c'est bien ce que disent les adversaires du Congrès, que ce que le Pape a toléré au loin, il ne peut le laisser faire ici ; et voilà de nouveau un beau champ de bataille, où, parmi les furieux coups échangés, nous allons sans doute voir se reproduire ce qu'on a nommé l'opportunisme de Léon XIII.

Dès le premier jour, l'abbé Charbonnel, sans pouvoir engager Sa Sainteté, a laissé entendre qu'il avait pris ses renseignements à Rome et qu'il n'en avait reçu que des encouragements. Cela était certainement vrai : il suffit de connaître un peu le Pape pour le sentir acquis à une tentative de ce genre. Mais son embarras va commencer, aujourd'hui que tout l'épiscopat français se lève, inquiet, irrité, condamnant l'idée de Congrès. On est beaucoup plus tolérant à Rome qu'en France, soyez-en convaincus ; je veux dire que, dans le haut clergé, la religion y est moins étroite, plus humaine, dégagée des discussions sans fin. Nos bons évêques, mêlés à nos luttes politiques, engagés dans des controverses avec les athées du livre et du journal, ignorent la belle tranquillité souriante des prélats romains, d'une diplomatie optimiste, certains que, malgré tout, Dieu triomphera.

Alors, nous allons donc avoir, si cette affaire du Congrès n'est pas enterrée, une nouvelle preuve de la prétendue duplicité de Léon XIII. Le cardinal Rampolla écrira des lettres dont les phrases les plus volontairement vides seront commentées à l'infini, approuvant pour les uns le Congrès, et pour les autres le condamnant. Des évêques iront voir le Pape, rapporteront des réponses diverses, absolument contradictoires. Nous aurons des conversations, des confidences, des affirmations et des négations, de nuances aussi multiples que les journaux qui nous les feront connaître. Et, très promptement, l'affaire, comme celle du droit d'accroissement, sera bel et bien si confuse, si embrouillée, qu'il deviendra tout à fait impossible de savoir l'opinion exacte du Saint-Père, qui aura dit noir aux uns et blanc aux autres.

Ah! qu'on va l'ennuyer de nouveau, et cette fois dans une question qui le passionne! Je m'imagine qu'il a dû rêver souvent ce Congrès des religions, lui dont le grand rêve aura été d'unifier la croyance, de ramener dans le giron catholique toutes les sectes chrétiennes éparses par le monde. Dernièrement encore, il s'efforçait de reconquérir les Églises schismatiques d'Orient, il faisait des avances aux Églises anglicanes, il songeait à un traité d'alliance avec l'Église russe. La Réforme elle-même ne lui paraît pas définitive, et il doit compter qu'un jour viendra, s'il a des successeurs de son génie, où le protestantisme fera sa paix avec Rome, reviendra au logis paternel, comme l'enfant prodigue, que toute la famille fête, dans l'allégresse. Il les a reçus à Rome même, ces patriarches du grand schisme oriental, et, s'il l'osait, il les recevrait aussi à Rome, les pasteurs de l'Allemagne, de l'Angleterre et de l'Amérique, les rabbins de toutes les nations, les prêtres des idoles hindoues et chinoises, ceux même des peuplades sauvages qui adorent des fétiches. Oui, ce serait à Rome qu'il convoquerait le Congrès des religions, et il voudrait le présider en personne, et il aurait assez de foi pour croire que le catholicisme absorbera un jour toutes les autres croyances, et que la paix régnera sur les hommes, quand ils n'auront plus qu'un Dieu !

* * *

D'où vient donc cet opportunisme de Léon XIII, qui le fait si diversement juger ? Et j'arrive ici à la pensée qui m'a fait écrire ces lignes.

Lorsqu'on étudie son règne déjà long, on le voit constamment désireux de bonne entente, allant jusqu'aux concessions extrêmes pour ne pas rompre avec les puissants. En France, il accepte la République, il ose briser la séculaire tradition, en se mettant avec le peuple, contre le roi. Partout, il se montre favorable aux démocraties, il écoute le cardinal Manning qui parle au nom du menu peuple anglais, il cède aux évêques d'Amérique qui lui font lever l'excommunication lancée contre l'association socialiste des Chevaliers du Travail. C'est surtout dans ses rapports avec cette Église d'Amérique, si audacieuse, si révolutionnaire, qu'il fait preuve d'une intelligence singulièrement souple et prudente, donnant presque toute liberté aux évêques de là-bas, leur permettant un langage et des actes, qu'il réprimerait sans doute chez des évêques de notre vieille Europe, comme coupables de rébellion et entachés d'hérésie.

Et l'on se demande jusqu'où irait sa tolérance, s'il vivait longtemps encore. Elle irait, selon moi, jusqu'à l'extrême limite des concessions que Rome peut faire, sans être elle-même menacée de disparition et de mort. Car tout est là, Léon XIII a conscience du schisme menaçant, du schisme imminent, qui, fatalement, doit se produire un jour. J'ignore si, dans l'orgueil de sa foi, il s'est jamais avoué sa peur à lui-même; mais, consciente ou non, apportée derrière les murs clos du Vatican par tous les souffles du monde moderne, cette peur du schisme est en lui, explique seule ses actes, son ardent désir d'unité, son adhésion aux démocraties, son indulgence pour les évêques démocratiques qui se font adorer des foules. Ah! grouper toutes les forces chrétiennes en une seule armée, pour résister dans la décisive bataille qu'il sent venir; avoir avec soi le peuple, le peuple victorieux des rois, le peuple que Jésus aimait; se servir des nouveaux apôtres qui se dresseront parmi les humbles, en réclamant l'œuvre de prochaine justice : oui ! il n'y a pas d'autre tactique pour la vieille Église catholique, apostolique et romaine, si elle veut vivre, se régénérer et soumettre enfin la terre à sa domination !

Le schisme, le schisme! tout l'annonce. Il est inévitable, comme il l'a déjà été une fois, au temps de la Réforme. On le sent qui sort de terre avec les sociétés nouvelles, et il doit pousser forcément sur les ruines de tout ce qui croule. Je ne crois pas pourtant que ce soit en France, car notre terre n'est plus assez neuve, notre esprit religieux est un des plus routiniers, des plus formalistes, des plus odieusement étroits que je connaisse. Aussi l'abbé Charbonnel peut être frappé d'interdit, je doute qu'il se hausse jamais à la taille d'un Luther. Mais, là-bas, en Amérique, quel sol vierge et fécond pour une hérésie triomphante. Comme on voit bien un monseigneur Ireland lever un beau matin l'étendard de la révolte, se faire l'apôtre de la religion nouvelle, une religion dégagée des dogmes, plus humaine, la religion que nos démocraties attendent! Et quelle foule passionnée il traînerait derrière lui, et quel cri d'universelle délivrance !

Léon XIII le sait-il? Pour moi, je le répète, il en a tout au moins le frisson. Cette chose arrivera, le jour où, de concession en concession, le Pape régnant se trouvera acculé au dogme même. Ce jour-là, il ne pourra aller plus loin, ce sera Rome, l'éternelle, avec sa masse énorme de traditions, ses siècles, ses ruines, qui deviendra l'obstacle infranchissable. Incapable de se transformer davantage, elle s'effondrera. Et, si le christianisme remonte, comme les roses d'automne, il ne refleurira que dans une autre terre, moins saturée d'histoire.

LA VERTU DE LA RÉPUBLIQUE

LA VERTU DE LA RÉPUBLIQUE

République, ma mie, avez-vous jamais songé à l'extraordinaire vertu qu'on exige de vous, une vertu impeccable et blanche, sur laquelle fait tache le moindre grain de poussière?

Il est des femmes fort estimées, qui, sans déchoir, peuvent avoir sur la conscience deux ou trois grosses peccadilles. Quand elles sont aimables et jolies, on va même jusqu'à leur tolérer les grandes fautes, on ferme les yeux, pour ne pas rendre l'existence impossible. Où en serait-on, avec qui vivrait-on, si l'on exigeait des honnêtetés parfaites?

Mais vous, ma mie, vous êtes tenue à la pureté de l'hermine, à la blancheur des neiges, à la candeur virginale des lis, sous peine de scandaliser le monde et d'être traitée en fille dévergondée et perdue, qu'on ne peut saluer décemment sur un trottoir.

* *
*

Dans ma vie déjà longue, j'ai pu voir naître en France deux Républiques. L'une succédait à une Monarchie, l'autre remplaçait un Empire. J'étais bien jeune à l'avènement de la première, mais j'ai pourtant gardé le souvenir très vif de l'enthousiasme qu'elle souleva, des espérances illimitées qu'elle semblait apporter, dans les plis de sa robe, en belle fille, ivre de jeunesse et d'avenir. Plus tard, j'ai vu le Quatre Septembre, avec son espoir fou de victoire et de revanche. Et, les deux fois, la psychologie a été la même, l'évolution s'est présentée d'une façon identique.

Sous une Monarchie, sous un Empire, l'opposition a la même attitude, tient le même langage. Dans les Assemblées, elle est représentée par des hommes intègres et sévères, qui foudroient les abus de la tyrannie, les débordements des Cours, les hontes d'un peuple perverti par la servitude. Ah! s'ils étaient les maîtres, quel coup de balai dans les étables d'Augias, comme ils nettoieraient le pays de toutes les ordures amassées, comme ils assainiraient, comme ils purifieraient le sol national!

Et quelle noble floraison ensuite, la liberté d'abord, puis l'honnêteté publique, une nation qui en reviendrait à l'innocence première!

Le pis est que les républicains de demain ne se contentent pas de parler, ils écrivent. On les voit prendre des engagements, signer des papiers dans lesquels ils jurent de rendre la France parfaite et heureuse. Ce sont les fameux programmes, trop beaux, tout un pays de cocagne, les impôts réduits; la misère combattue, le travail organisé, la paix des âmes assurée par la tolérance, le bonheur de tous conquis par la simple équité. Et, quand ils sont au pouvoir, de tant de belles promesses, ils n'en peuvent guère tenir qu'une, ils donnent tout de suite la liberté de la presse, des verges pour les fouetter.

Au fond, on en est resté à l'homme bon de Rousseau. Rendez l'homme libre, débarrassez-le des liens sociaux, replacez-le au milieu de la nature vierge, et vous obtenez l'âge d'or, l'honnêteté absolue, la félicité complète. Il n'est pas d'erreur plus dangereuse, car elle a toujours mené au rêve farouche des grands révolutionnaires, incendiant le vieux monde pour hâter la venue du monde nouveau, dans le champ ravagé, purifié par le feu. Tout gouvernement qui se fonde sur cette illusion de l'homme bon semble, jusqu'ici, fatalement condamné à souffrir et à périr.

* * *

Et voyez ce qui se passe, au lendemain de la proclamation d'une République. Les programmes sont là, on en réclame l'exécution immédiate. Il est entendu que la Monarchie et l'Empire ont emporté avec eux toute la vilenie et toute la misère humaines. Puisqu'on a promis, au nom de la République, la vertu et la justice, la liberté et le bonheur, vite, vite! qu'on serve ce grand festin et que le peuple s'attable, et que toutes les nobles faims se rassasient!

Hélas! le festin ne vient pas, les convives attendent et bientôt se fâchent, car le monde n'a pas changé du matin au soir, ce sont encore les mêmes plaies qui saignent, la même humanité qui souffre. Le moindre progrès demande des années de gestation douloureuse, on met un siècle pour obtenir des hommes un peu plus d'équité et de vérité. Toujours l'animal humain reste au fond, sous la peau de l'homme civilisé, prêt à mordre, lorsque l'appétit l'emporte. Certes, il faut bien espérer que l'éducation de la liberté se fera, qu'un jour la raison régnera, dans la

République de l'avenir ; mais que d'années, que d'années seront nécessaires à cette éducation du peuple, et quelle folie de croire aujourd'hui que tous les maux sociaux cesseront, parce qu'on aura changé l'étiquette gouvernementale !

Le pis est que, loin de disparaître, ces maux semblent au contraire s'aggraver, dès qu'on est en République. Il n'y a plus là le despote dont la main de fer renfonçait le cri de souffrance dans la gorge des faibles. Il avait ses ministres, ses Chambres, ses tribunaux, ses gendarmes, pour dompter la bête, la museler d'or, donner l'illusion qu'elle était vaincue et heureuse. Toute une façade d'honnêteté, de bon ordre, de prospérité digne, resplendissait au soleil. Mais que le despote soit renversé, et le mensonge croule, la carcasse se montre, pourrie, branlante. La bête est lâchée, le cri de misère monte de partout, c'est comme une bonde qui saute, et le fond vaseux jaillit, éclabousse la pleine lumière du jour. Les historiens bien pensants appellent cela les saturnales révolutionnaires. En réalité, c'est encore la Monarchie, et c'est encore l'Empire, mais vus cette fois par l'entrée des artistes.

Ajoutez la presse libre, la terrible action des journaux voyant tout, fouillant tout, disant tout. Chaque matin, les petits papiers circulent, la vie intime de chacun est révélée, discutée, l'inquisition, la délation, la diffamation règnent en souveraines. Vous imaginez-vous un roi, un empereur, tolérant cela, consentant à être examiné jusque dans ses verrues? Comme il vous coffrerait ces messieurs, avec leurs journaux de scandale et de chantage! Mais la République, elle, ne peut pas, puisqu'elle est venue pour donner à tous la liberté. Entrez, sa maison doit être de verre. Tapez sur elle, crachez-lui à la face ses tares fatales, les misères physiologiques et morales qu'elle a forcément, comme tout être humain : elle n'a pas même le droit de protester, elle qui n'attend rien que de la vérité et de la justice. Ah! la bonne fille qui s'est désarmée, aux noms sacrés de la liberté, de l'égalité et de la fraternité! comme on lui fait payer cher d'avoir promis la vertu et le bonheur, de s'épuiser à vouloir tenir sa parole, et de ne pouvoir faire que l'humanité ne reste pas l'humanité, avec tous ses vices et tous ses crimes!

Est-il un exemple plus frappant que cette imbécile aventure du Panama dont notre France républicaine souffre depuis de longs mois, qu'elle porte à son flanc comme un ulcère, et dont elle finira peut-être par mourir ?

Je veux bien que l'honnêteté française soit un peu comme la jeune grande première de l'Ambigu, une honnêteté toujours sans tache, que pas un spectateur ne se permettrait de soupçonner. Il se forme ainsi un type conventionnel de droiture, de loyauté, de fierté, qui témoigne du bel idéal des foules prises en masse ; et j'ajoute même qu'il y a, dans l'illusion d'un pareil type, un outil excellent de police sociale. Mais enfin, entre nous, il faut bien convenir que les affaires, en ce bas monde, deviendraient impossibles, si l'on n'avait pour les traiter que les pures abstractions des virginités et des probités de mélodrame.

D'abord, vous êtes-vous jamais demandé ce qu'il serait advenu du Panama, si la catastrophe s'était produite sous une Monarchie ou sous un Empire ? Ah ! comme on l'aurait escamoté ! quel coup d'éponge immédiat ! quel silence salutaire imposé aux journaux, pendant qu'on se serait hâté de faire disparaître le cadavre ! Et, mon Dieu ! cela n'aurait-il pas été plus propre, moins dangereux pour la nation, d'une politique beaucoup plus sage en tout cas ? Seulement, la République n'a pas pu, toujours parce qu'elle est la liberté et la vertu, l'honnête femme qui ne craint pas de laver son linge sale en public. Ses adversaires, qui l'ont forcée à ce déballage, dont ils n'auraient pas permis le scandale chez eux, lui feront bien voir si le jeu en est innocent.

Puis, où est donc le naïf qui s'imagine que les affaires d'argent peuvent être propres? Dans ces énormes entreprises, quand on brasse les millions pour la réalisation de travaux gigantesques, il faut faire la part de la boue humaine, des appétits, des passions, dont on remue forcément la vase. Je veux bien qu'on ne le dise pas tout haut; mais ce sont des choses qu'on sait, qu'on accepte. Suez n'a certainement pas été plus propre que le Panama. On y trouverait les mêmes pots-de-vin, les mêmes consciences achetées, les mêmes abominations et les mêmes turpitudes. La différence est simplement que les cadavres y dorment dans l'oubli, dans le pardon triomphal du succès. Ah! si le Panama avait réussi, les actionnaires n'auraient pas assez d'acclamations pour ces financiers voleurs, pour ces députés vendus, que la rage de tant de ruines fait aujourd'hui jeter au cloaque! Ce n'est pas le crime qui fait le déshonneur, c'est l'insuccès.

Que s'est-il donc passé de si extraordinairement monstrueux, dans ce Panama dont les adversaires de la République usent et abusent, avec une telle persistance de scandale? On y a vu un ministre vendu, d'autres soupçonnés de complaisances louches; on y a compté jusqu'à une douzaine, mettons deux douzaines, de députés et de sénateurs achetés plus ou moins cher. Et voilà le crime sans exemple qu'on affiche, devant le monde entier, à grand renfort d'ignobles indiscrétions, en vidant les carnets graisseux des hommes de police! Mais, grand Dieu! cela s'est passé sous tous les régimes, il faut être sous cette grande bête de République vertueuse, pour affecter de l'ignorer et de s'en étonner. On le savait, on le disait moins haut, voilà tout. Et je trouve même que ce ministre vendu, ces députés et ces sénateurs achetés, sont des pleutres, de bien petites canailles, à côté des grands voleurs épiques et des vendus superbes de la Monarchie et de l'Empire. Quelques millions à peine, des miettes jetées comme à des chiens, des petites gens sans élégance qui se contentent de simples pourboires! mais c'est misérable, quand on songe à ces hauts seigneurs dont les dettes à payer lassaient le souverain, à ces puissants de suprême distinction, qui étaient dans toutes les affaires, ramassant l'or dans toutes les poches !

Et cela recommence, avec l'idiote odyssée de cet Arton, qui ne sait rien, qui ne dira rien ! Et voilà de nouveau, pendant des semaines, la France bouleversée, devant des torrents d'encre et de boue ! Et tout cela pour arriver à constater qu'il y a, dans la politique, des pauvres diables malhonnêtes ! Assez, assez ! c'est imbécile ! Où est-il donc, le bon tyran qui rejettera la Vérité dans son puits, mettra les journaux au pilon et les journalistes sous clef ?

* *
*

Veut-on un autre exemple de l'extraordinaire vertu qu'on exige, dès qu'il s'agit de la République ? A-t-on jamais assisté à une campagne plus honteuse, plus abominable, que la campagne menée depuis quelque temps contre M. Félix Faure ?

Un Président de la République, y songez-vous ! mais cela doit être impeccable ! Il faut qu'il reluise de toutes les vertus, pas un soupçon ne peut être toléré sur la pureté immaculée de sa vie ; et il ne s'agit pas de lui seulement : ses proches, ses ancêtres jusqu'à la quatrième génération, ne sauraient offrir la moindre tache à l'enquête la plus minutieuse. Sans doute, il y a eu des rois peu recommandables, fils de reines plus que légères ; il y a eu des empereurs dont les familles laissaient à désirer, au point de vue de la moralité stricte. L'histoire est là, sans parler des chroniques scandaleuses. Seulement, c'est chose convenue, les empereurs et les rois sont et font ce qu'ils veulent, attendu qu'ils ne permettent pas qu'on les ennuie à venir regarder par le trou de leur serrure ; tandis qu'un Président de la République doit vivre dans la fameuse maison de verre, du moment qu'il incarne la vertu et la vérité toutes pures.

Je le répète, cela est d'un bel idéal, et très flatteur pour le régime républicain. Le malheur est que, sous cette hypocrite exigence de la parfaite honnêteté, se cachent les manœuvres des plus basses passions politiques. Et combien elle est inhumaine, cette froide conception de l'honneur intransigeant, combien elle est peu tolérante aux misères et aux faiblesses inévitables de l'existence ! Sait-on ce qu'il y a de tendresse souvent, de bon cœur et de pardon, dans certaines complicités morales, voulues ou acceptées ? Des héros de vertu totale, ah ! j'en ai connu, les plus durs, les plus impitoyables, les plus insupportables ! Non, j'aime mieux un homme, et surtout qu'il ait souffert, qu'il ait faibli, qu'il ait eu nos doutes et nos défaites, si nous voulons le trouver charitable et fraternel.

Mais l'idée conventionnelle est là, on est toujours à l'Ambigu, où la jeune grande première ne peut avoir failli. Déjà un Président est tombé du pouvoir en expiation des fautes de son gendre, et nous voilà menacés d'en voir un second payer durement les erreurs de son beau-père. Les véritables honnêtes gens ont beau hausser les épaules, en s'indignant contre les diffamateurs : soyez certains que la flèche empoisonnée est dans la plaie et que désormais le poison fera son œuvre. Les exécrables journaux qui vivent de l'injure ne lâcheront plus leur victime. Vous verrez les attaques renaître sans cesse, excitant le prurit de vertu idéale chez le bon public, jusqu'au jour où l'homme devra disparaître, écœuré, sali, sous le tas de boue amassée.

Ah ! le grand sabre qu'on attend avec impatience, le grand sabre que beaucoup de gens demandent chaque soir au bon Dieu, dans leurs prières ! en voilà un à qui on n'en réclamera pas tant ! Il pourra bien être ce qu'il voudra, et lui, et ses proches, sans qu'on aille se permettre de fouiller sa vie. Personne ne s'inquiétera de savoir si une sœur de sa grand'mère n'a pas eu un enfant avant son mariage, ou bien si un cousin de la mère de sa femme n'a pas, en mourant, laissé impayés des billets à ordre. On sera trop content qu'il fasse enfin taire les insulteurs de la presse ; et quelle popularité, s'il enterre le Panama une bonne fois pour toutes, avec les petits papiers, les listes et les carnets des courtiers et des policiers marrons ! Puis, la France vivra heureuse. Le grand sabre y fera régner de nouveau la fiction de la vertu absolue, tout en étant lui-même, s'il en a le goût, le plus parfait des gredins.

* * *

Et voilà pourquoi, République, ma mie, vous avez tant de peine à vivre, en personne rangée et cossue, après vingt-cinq ans d'âge.

C'est qu'on exige de vous une vertu qui n'est pas de ce monde, j'entends une vertu qui pousse l'innocence jusqu'à se laisser contrôler publiquement, une vertu qui n'a pas de gendarmes pour garder sa porte aux heures de faiblesse.

Un beau soir, ma mie, vous en mourrez.

LE SOLITAIRE

LE SOLITAIRE

Le triste et délicieux Verlaine s'en est allé au pays de la grande paix éternelle, et voilà que déjà se crée sur sa tombe fraîche toute une légende.

Il serait le solitaire, dédaigneux de la foule, qui aurait vécu dans le rêve hautain de son œuvre, sans abandon ni compromission d'aucune sorte. Il aurait repoussé les présents des hommes, le vil argent qui brise les volontés, les récompenses qui établissent des hiérarchies injustes et menteuses. Il n'aurait jamais ambitionné que sa propre estime, la joie d'enfanter au désert des livres de conscience et d'absolu, qui le satisferaient dans son impeccable souci d'art.

Et ce n'est pas tout, on l'emprisonne dans la mystérieuse tour d'ivoire dont les initiés seuls ont la clef. On le veut hermétique et caché, d'une obscurité sibylline de mage qui détient le secret de l'invisible. Si son génie est resté inconnu, c'est qu'il a refusé de le laisser connaître, par un légitime orgueil d'artiste divin, en l'enfermant sous la triple serrure du symbole. De là, l'exécration des bourgeois, dont la courte intelligence n'a pu le pénétrer, et qui, par basse vengeance, l'ont laissé mourir de faim. Puisque tu n'es pas un des nôtres, ni un amuseur, ni un amusé, puisque tu craches sur l'argent, sur le succès, sur la gloriole, puisque tu te vantes d'être l'unique de l'espèce, d'avoir des pensées, de parler une langue que personne n'entend, meurs donc à l'écart, dans l'inconnu où tu as vécu !

Dès lors, la légende est faite, la jeunesse littéraire a un nouveau culte. Verlaine devient le martyr de la sottise du peuple, dont il ne voulait pas être compris, mais qui aurait dû pourtant le nourrir. On dresse sa figure comme le drapeau de l'individualisme révolté, sans aucun devoir, n'ayant que des droits, réclamant pour soi une fraternité humaine que soi-même on n'exerce pas. Le plus grand, le plus haut, le plus incompris, le plus méconnu, le plus désintéressé, le plus volontairement à part de toute société, de toute fortune et de toute distinction honorifique.

En un mot, il est le solitaire, comme Dieu qui est seul, et rien n'est plus farouche ni plus souverain.

**

Eh bien ! tout cela n'est pas vrai.

J'ai connu Verlaine, trop tard, pendant les dernières années d'irrémédiable déchéance. Mais n'est-il pas évident que, dans un but de bataille facile à saisir, la jeunesse littéraire est en train de fausser une des plus douloureuses et des plus adorables figures de la littérature contemporaine ? Elle a besoin de sophismes, et elle les prend où elle peut, même d'une main sacrilège, parmi les fleurs d'une tombe.

Ah ! certes, si la poésie n'est que la source naturelle qui coule d'une âme, si elle n'est qu'une musique, qu'une plainte ou qu'un sourire, si elle est la libre fantaisie vagabonde d'un pauvre être qui jouit et pleure, qui pèche et se repent, Verlaine a été le poète le plus admirable de cette fin de siècle. Dès qu'on a écarté la préoccupation des idées générales, de toute psychologie menée à fond, de toute construction d'œuvres solidement conçues, il reste au premier rang des poètes élégiaques. Même on

4

peut dire que sa vie décousue, traversée de catastrophes, gâchée par l'insouciance, l'a marqué comme poète, en libérant peu à peu son vers des antiques contraintes, en lui donnant l'aisance, le charme souffrant, la spontanéité et la naïveté du génie libre qui s'ignore. C'est par là sûrement qu'il a été personnel et qu'il a exercé une influence véritable, tout au moins sur la métrique d'aujourd'hui.

Seulement, il est bien certain qu'il a fait ses vers comme le poirier fait ses poires. Le vent soufflait, et il est allé où le vent l'a poussé. Jamais il n'a rien voulu, jamais il n'a rien discuté, combiné, exécuté, dans le plein exercice de son intelligence. On peut imaginer pour lui d'autres milieux, le soumettre à des influences différentes, lui prêter des vies totalement contraires ; et il est évident que son œuvre se serait transformée, aurait pris d'autres formes ; mais il est évident aussi qu'il serait resté l'esclave de sa sensation et que son génie aurait donné une intensité égale aux chansons involontaires sorties de ses lèvres. Je veux dire qu'avec une pareille nature, déséquilibrée et prime-sautière, peu importe le terrain, tout y pousse dans le même jaillissement de personnalité irrésistible.

Il était fils de bourgeois, bourgeois lui-même. Il n'a pas dédaigné la société, c'est la société qui l'a rejeté. Il est devenu un être à part, un solitaire, sans le vouloir, par une série d'inconséquences et de fautes, en homme radicalement incapable d'avoir un but et d'y marcher. Tout comme un autre, au début, il brûlait du désir de vendre ses livres, et il a toujours souffert du chagrin de ne pas les vendre. Il repoussait si peu les distinctions honorifiques, qu'il voulait très sérieusement se présenter à l'Académie; et j'ai même de lui, sur ce point, une lettre des plus curieuses. En somme, s'il a tout refusé, comme on le dit, c'est que rien ne s'est offert à lui, car il n'était qu'un grand enfant, qu'une de ces âmes femmes, si fréquentes parmi nous, sensibles aux hommages, désireuses de croix luisantes comme des joyaux, de beaux uniformes de cérémonie, de vie fastueuse sous le ruissellement d'or des éditions sans nombre, aux acclamations d'une cohue de lecteurs idolâtres.

Et qui sait si la misère ne l'a pas diminué? Sans doute j'accorde que le débraillé fatal de son existence donnait en partie à ses vers cette libre allure qui est leur nouveauté originale. Mais dans quel balbutiement informe il était tombé! Comme on le sentait fini avant la fin!

Sa fameuse obscurité de mage n'est que la déliquescence d'un cerveau qui s'obscurcit. Je voudrais me l'imaginer heureux, renté, chauffé, membre de l'Académie, ayant eu le loisir de donner tous ses fruits, comme l'arbre que le destin favorable abrite des coups de gelée et des coups de vent. Très certainement, il aurait laissé une œuvre plus totale et plus vaste.

Il n'est réellement de solitaire que l'écrivain qui a voulu sa solitude, dans le champ librement choisi et fermé de son œuvre.

* *
*

Et n'avez-vous pas été frappé par ce fait ? Chaque fois que notre jeunesse littéraire contemporaine éprouve le besoin de se donner un maître, elle le choisit à l'écart du succès et de la célébrité, parmi les foudroyés de la destinée du livre, ceux qui ont manqué leur vie, qui sont morts dans l'amertume finale de ne pas occuper la place qu'ils avaient l'ambition de prendre. Pour employer le vilain mot, il lui faut des ratés, à cette jeunesse, des avortés et des incomplets, des malchanceux en tout cas, dont personne ne puisse être jaloux, tant ils ont souffert et tant leurs œuvres restent discutables et peu connues.

C'est Barbey d'Aurevilly, le vieux lion comme on le nomme, d'un admirable tempérament romantique certes, mais qui n'a été qu'un Balzac outrancier, gâté par le parti pris d'un catholicisme satanique. D'ailleurs, ici, je ne juge pas les talents, je ne fais qu'indiquer les situations littéraires; et Barbey d'Aurevilly est bien l'homme à part, dont les œuvres peu lues, la vie de pauvreté, l'orgueilleux dédain des récompenses trop lentes à venir, trop disputées, ne sauraient gêner aucune ambition militante. Il n'encombre pas le marché de ses éditions trop nombreuses, il ne bouche pas les rues qui vont à la Grande Chancellerie et à l'Institut.

C'est Villiers de l'Isle-Adam, un autre génie détraqué et incomplet de la même famille, un génie avec de tels trous qu'on n'en peut tirer que quelques bons morceaux à peu près entiers. Celui-ci a été la plus dolente, la plus navrante des figures. Je l'ai connu, et je ne puis songer à lui sans une douloureuse émotion. Une lutte quotidienne contre la misère noire, des œuvres qui tombaient dans l'indifférence, toute une existence de chimère, au travers de l'impassible foule qui ne voyait pas, n'entendait pas, ne comprenait pas. Et c'est encore Laforgue, mort jeune, si inconnu, si peu formulé, n'ayant laissé que des indications si peu précises, qu'il échappe, lui, à tout classement, une ombre de maître, l'ombre qui s'efface, qui ne fait que passer en laissant la place aux autres.

Je pourrais continuer l'énumération. Et, certes, rien ne serait d'une piété plus haute, si la jeunesse littéraire, en se donnant de tels maîtres, voulait remettre un peu de justice en ce bas monde, entendait honorer les héros malheureux, tombés obscurément dans la bataille. A ceux qui ont lutté, qui se sont débattus dans l'enfantement pénible de leur œuvre, sans succès, sans encouragement d'aucune sorte, quelquefois sans pain, nous devons des tombeaux de marbre, des épitaphes de fraternité et de louanges, pour que les passants honorent en eux le travail. Mais j'ai grand'peur que la jeunesse ne cède pas seulement à ce sentiment si noble de réparation, car ce qu'elle prétend exalter chez ces vaincus, c'est justement l'insuccès, le prétendu mérite de ne pas avoir écrit pour les hommes et par là même de n'avoir pas été compris d'eux, la fameuse gloire enfin d'avoir été obscurs, dédaignés et misérables.

Eh quoi ! vraiment, parmi les maîtres de

notre jeunesse, rien que des foudroyés, des inconnus et des incomplets? Pas un homme qui ait eu quelque chose à dire à la foule et que la foule ait entendu ? Pas un homme aux idées vastes et claires, dont l'œuvre se soit imposée avec la toute-puissance de la vérité, éclatante comme le soleil? Pas un homme sain, fort, heureux, ayant rempli son mérite, proclamant par son exemple même, comme un Gœthe, comme un Hugo, les forces éternelles de la vie? Vraiment, cela est bien extraordinaire, ce choix exclusif des génies malades, en décomposition, et ne serait-ce pas que la jeunesse aime les routes libres, désencombrées, où les maîtres ne sont que des fictions, des ombres dont la mémoire ni les œuvres ne barrent la route ? A maîtres inconnus qui ne se vendent pas, disciples obscurs, excusés de ne pas se vendre, et disciples résolus à conquérir pour eux tout le public.

***

J'ai rêvé longtemps d'écrire une comédie, et, si je ne l'ai pas fait, c'est qu'elle manque un peu trop de femmes.

Il s'agit d'un brave homme de grand homme

qui a naturellement autour de lui des jeunes, toute une bande de jeunes disciples se chauffant à sa gloire, tâchant d'en attirer honnêtement sur leur personne quelques reflets. Et ils le flattent comme il convient, ils finissent par disposer de lui ainsi que d'une chose à eux, une châsse très précieuse, qu'il faut mettre à l'abri des mains profanes. Sa gloire n'est-elle pas leur œuvre, en tout cas leur propriété indiscutable, dont ils ont le droit de disposer? Jamais ils ne souffriront qu'on la ternisse. Ils la défendraient contre le maître lui-même si, un jour, il s'oubliait jusqu'à risquer de déchoir.

Et l'âge des grandes luttes passe, et l'heure de la vieillesse approche, dans le triomphe des livres du maître, qui voudrait bien s'asseoir un instant au bord de la route, respirer un peu enfin, en jouissant du paysage.

Mais, un matin qu'un journal a parlé de la croix pour le maître, un des jeunes disciples accourt, indigné.

— Comment! la croix? Vous accepteriez la croix? Mais ce serait une honte! Vous êtes trop grand, on ne redescend plus quand on est monté si haut. Laissez-nous donc la croix, à nous autres infimes qui rampons dans votre ombre. C'est assez bon pour nous.

Et le disciple se fait décorer à la place de son bon maître.

Un autre matin, le même journal raconte qu'il est question de la candidature du grand homme à l'Académie. Entrée furieuse d'un autre disciple.

— Vous n'allez pas démentir toute votre vie, j'espère ! Vous à l'Académie ! Vous consentiriez à vous baisser pour passer par cette porte basse ? Quand on a votre taille, on reste chez soi. Vous êtes trop grand, et l'Académie, c'est bon pour nous autres, qui sommes petits.

Naturellement, le disciple s'assoira un jour ou l'autre dans le fauteuil du bon maître.

Vous êtes trop grand ! vous êtes trop grand ! Tous lui crient cela, et il en est même un qui lui prend sa maîtresse, sous le prétexte que, lorsqu'on est si grand, on ne doit pas s'attacher misérablement aux médiocres tendresses humaines. On le veut dieu, planant d'un vol majestueux au-dessus de toutes les faiblesses. Rien ne lui est toléré, ni une petite vanité, ni une sottise d'une heure, ni une aimable contradiction avec lui-même. Et, enfin, quand ils l'ont hissé comme un Siméon le Stylite sur sa colonne, ils prétendent l'y nourrir de leur encens, ils font bonne garde autour de lui, pour que la fantaisie ne le prenne pas d'en descendre et d'aller courir le guilledou.

Cependant, le brave homme de grand homme s'ennuie considérablement sur sa colonne. Il est plein d'humaines faiblesses, le malheureux ! Il a toutes sortes de vieilles envies, d'envies bêtes, qu'il aurait un plaisir infini à contenter. Mon Dieu ! est-ce que, vraiment, cela le rapetisserait autant que ça ? Est-ce que ses œuvres en deviendraient moins bonnes, est-ce qu'il perdrait de sa taille, s'il goûtait un peu aux choses ordinaires, dont les humains se régalent ? Ainsi, cela l'aurait amusé d'être décoré, et il aurait éprouvé du plaisir, le jour où il serait entré à l'Académie. Ce serait évidemment très banal ; mais, puisque cela n'aurait fait de mal à personne, pas même à lui-même, pourquoi diable le persécute-t-on à vouloir faire de lui le mannequin auguste et impassible qu'il n'est pas ?

Et je n'ai pas le dénouement. Mais, si vous voulez, mettez que le grand homme, un beau jour, s'ennuie tellement sur sa colonne, qu'il en saute d'un bond, bouscule ses disciples et court à l'infamie de n'être qu'un homme.

*
* *

Ah ! je sais bien où il est, le solitaire. Ce n'est pas toujours celui qui, par orgueil, travaille à l'écart, mécontent que toutes les fortunes et tous les honneurs ne lui soient pas apportés sur des plats d'or. Ce n'est pas celui dont les circonstances ont fait le dédain et qui se glorifie de vivre son impuissance dans la tour d'ivoire où il s'est cloîtré. Et le solitaire n'est, non plus, ni le pauvre, ni l'inconnu, ni l'incompris, car souvent ceux-là sont de la foule quand même, de l'immense foule qui roule ses flots obscurs.

Pour moi, le solitaire est l'écrivain qui s'est enfermé dans son œuvre, dans sa volonté de la faire aussi haute, aussi puissante qu'il en aura le souffle, et qui la réalise, malgré tout. Il peut se mêler aux hommes, vivre de leur vie ordinaire, accepter les mœurs sociales, être d'apparence tel que les autres. Il n'en est pas moins le solitaire, s'il a réservé le champ de sa volonté, libre de toute influence, s'il ne fait littérairement que ce qu'il veut et comme il le veut, inébranlable sous les injures, seul et debout.

A LA JEUNESSE

A LA JEUNESSE

O Jeunesse, avant de te dire des vérités peut-être un peu dures, laisse-moi te louer et t'aimer, comme il convient.

Tu es la joie, le parfum, l'espoir de la vie, tout ce que le bouton promet et que la fleur donnera. Tu es la santé, tu es la beauté, tu es le bonheur. Tu es le début du livre, la première page charmante qu'on lit sans fatigue, l'aube de la journée où le cœur se lève gaiement, tu es ce qui commence, ce qui ravit et ce qui semble ne devoir pas finir.

Je ne regrette que toi, ô Jeunesse, et de mes vieux désirs fourbus, il n'en demeure plus qu'un, hélas! impossible à contenter, celui de te revivre. Ah! oui, recommencer, être fort, être agile, être sain! courir encore les campagnes, boire aux fontaines des routes, se sentir le cœur chaud et la main prompte, dans la passion de tout conquérir! Vouloir ouvrir les bras tout grands et prendre le monde!

Il n'est d'œuvre que de toi, même les plus naïves, les plus imparfaites. Qu'importe que tu sois l'ignorante et la maladroite, si tu mets dans ton œuvre l'âme de tes vingt ans, la flamme de ta passion et de ta sincérité ! Chez tout écrivain, il n'est qu'une œuvre vraie et vivace, celle jaillie de ton sang jeune. Plus tard, on devient parfois un grand homme, mais on ne retrouve jamais l'heure unique des lilas d'avril et des roses de mai.

Il n'est d'amour que de toi, toi seule as les yeux purs, la bouche fraîche, la peau de fleur, le baiser qui sent bon! Ah! la femme jeune qui passe dans l'élancement fin de son corps, avec sa nuque délicieuse, pleine d'odeurs légères, avec son cou rond comme une tour d'ivoire, avec sa face claire et riante, d'une limpidité d'eau de source, où les lèvres des hommes rêvent de se désaltérer sans fin ! Il n'est que toi, ô Jeunesse, qu'on doive aimer.

* * *

Et, maintenant que ma petite prière est faite, maintenant que voilà ma conscience en repos, nous allons pouvoir causer.

A la suite des quelques lignes que j'ai écrites sur Verlaine, en tâchant de dire honnêtement ma surprise de voir la jeunesse littéraire actuelle choisir presque tous ses maîtres parmi les écrivains foudroyés, incompris, même inconnus, on m'a répondu galamment que ma remarque venait de la fureur jalouse où me jetait le parfait dédain de cette jeunesse à mon égard. Mon Dieu! oui, ces jeunes gens n'y vont pas par quatre chemins : quiconque discute leur Panthéon ne peut être qu'un bas envieux, grelottant à la porte, dans le désir irréalisable d'y entrer. Si tu attaques nos maîtres, c'est que tu te fâches de n'être pas un d'eux. Et voilà un homme convaincu à la fois de laide colère, d'envie impuissante et de talent radicalement démodé.

En somme, elle est toute naturelle, cette belle réponse que m'a faite notre jeunesse littéraire. Ne l'a-t-on pas flagornée presque autant que nos hommes politiques flagornent le peuple? Puisque le peuple détient le pouvoir, le bulletin de vote qui donne les sièges de député et de sénateur, le peuple est beau, le peuple est grand. On se traîne à ses genoux, on le traite en bon Dieu, maître des situations et des triomphes. Et c'est évidemment la même raison qui nous jette tous aux pieds de la jeunesse, nous les aînés que brûlent l'inquiétude de la postérité, l'ambition posthume de la gloire. Du moment qu'elle est le commencement de ce demain dont nous rêvons la conquête, le calcul fort simple est de l'avoir pour soi, de se mettre bien avec elle, pour être assuré qu'elle nous prendra sur ses vigoureuses épaules et qu'elle nous portera à l'avenir.

Aussi la jeunesse a-t-elle vite senti sa puissance. Elle a vu que les aînés se disputaient ses faveurs avec un rare acharnement, car vous n'ignorez pas que, depuis quelques années, c'est à qui haranguera la jeunesse, la tirera à lui, l'attellera à ses idées et à sa fortune, pour galoper plus vite. Moi-même, le jour où j'ai présidé un banquet de l'Association générale des Étudiants, n'ai-je pas recommandé le travail à la génération nouvelle, agissant là comme M. Josse, le bon orfèvre? Et, ainsi que toute belle personne courtisée, accablée d'adulations, entourée d'un cercle d'épouseurs intéressés qui la célèbrent lyriquement, la jeunesse est excusable d'aimer cet aimable jeu, de mettre à ses moindres faveurs le plus haut prix, de se croire enfin une personne tout à fait considérable, disposant des renommées et les distribuant, comme nos jeunes filles fin de siècle distribuent en souvenir leurs vieilles paires de gants à leurs adorateurs.

Eh bien! il faut d'abord rabattre un peu de cette situation exagérée, faite à nos cadets. La vérité est que la génération d'écrivains qui suit un grand écrivain est fatalement sa rivale, son adversaire irréductible. Les faits sont là, constants, pour appuyer cette vérité. Dans cette terrible lutte pour la vie qu'est la littérature, tout nouveau venu a le besoin de faire la place nette, d'égorger ses aînés, s'il veut pour lui tout le champ, tout l'empire. N'assistons-nous pas, depuis dix ans, à cette lutte sauvage des néo-idéalistes contre ceux qu'on a nommés les naturalistes, je ne sais trop pourquoi? C'est qu'ils ont trouvé la route barrée, c'est qu'ils veulent passer quand même, pour chercher ailleurs leur originalité propre, sous peine de ne pas être. De sorte qu'on en arrive à cette conclusion imprévue que quiconque n'est pas combattu et nié par la génération nouvelle n'a pas de personnalité forte, d'originalité assez large pour boucher le siècle, comme on a dit.

Voilà qui réduit le Panthéon de la jeunesse, si elle n'y met, par la force même d'une loi naturelle, que les écrivains qui ne la gênent pas. Peut-être alors ferait-elle bien de songer à ces choses, avant d'accuser les aînés d'enrager dans leur coin, quand elle ne les reconnaît pas ouvertement pour ses maîtres.

* *

Eh! qui vous dit, jeunes gens, qu'on veuille être votre maître? Non pas que vous soyez dénués de tout talent et qu'il ne soit très glorieux de conduire votre horde à l'assaut de nos vieilleries. Mais, en vérité, on peut penser autrement que vous, sans être un sot complet, ainsi que vous avez l'air de le croire. Certes, je n'entends pas engager tous ceux de mon bateau, comme dirait mon ami Daudet. Pour mon compte seulement, j'aime mieux rompre, et rompre définitivement, une bonne fois, à jamais. Apportez les poignards, et rompons, jeunes gens, rompons sans esprit de retour.

Rompons d'abord sur le besoin de clarté qui me dévore et sur le goût de l'obscur où vous plongez. Ah! la clarté, la limpidité, la simplicité! imaginez-vous que j'en meurs! Pour moi, il n'est pas certain que deux et deux font quatre, et il faut que je le prouve. Si mes livres sont si longs, si je me répète tant, c'est que je crains toujours de n'avoir pas été compris. Encore de la lumière, et plus de lumière encore, et tout le soleil qui flambe et qui féconde ! Oh ! pas Septentrional pour deux sous, Latin dans le cœur et dans le cerveau, amant fou des belles architectures symétriques, constructeur de pyramides sous le brûlant ciel bleu. Tel est mon état, je n'en comprends pas d'autre. Je voudrais la phrase de cristal, claire et si simple que les yeux ingénus des enfants pussent la pénétrer de part en part, s'en réjouir et la retenir. Je voudrais l'idée si vraie, si nue, qu'elle apparût transparente elle-même, et d'une solidité de diamant dans le cristal de la phrase. Vous voyez bien qu'il faut rompre, cela sera beaucoup plus digne. Rompons, jeunes gens, rompons, pour ne plus tromper personne.

Rompons ensuite sur l'amour que je garde à mon temps. Je comprends que vous ne vouliez pas être confondus avec un homme qui aime les halles, les gares, les grandes villes modernes, les foules qui les peuplent, la vie qui s'y décuple, dans l'évolution des sociétés actuelles. J'ai la faiblesse de n'être pas pour les cités de brume et de songe, les peuples de fantômes errant par les brouillards, tout ce que le vent de l'imagination apporte et emporte. Je trouve nos démocraties d'un intérêt poignant, travaillées par le terrible problème de la loi du travail, si débordantes de souffrance et de courage, de pitié et de charité humaines, qu'un grand artiste ne saurait, à les peindre, épuiser son cerveau ni son cœur. Oui, le petit peuple de la rue, le peuple de l'usine et de la ferme, le bourgeois qui lutte pour garder le pouvoir, le salarié qui exige un partage plus équitable des bénéfices, toute l'humanité contemporaine en transformation, c'est là le champ qui suffit à mon effort. Jamais temps n'a été plus grand, plus passionnant, plus gros de futurs prodiges, et qui ne voit pas cela est aveugle, et qui vit par mépris dans le passé ou dans le rêve n'est qu'un enfantin joueur de flûte. Optimiste, ah! de tout mon être, contre le pessimisme imbécile, la honteuse impuissance à vouloir et à aimer. Rompons, jeunes gens, rompons sans attendre davantage, puisque nous ne pouvons nous entendre.

Et rompons enfin sur mon entêtée croyance au vrai, à la vieille nature, à la jeune science. Tout en elle, rien en dehors d'elle. Ce qu'elle ne sait pas, elle le saura, et ce qu'elle ne saura pas, nous tâcherons que cela reste de l'inconnu, sans devenir de l'erreur. J'ai mis ma foi en la vie, je la crois l'éternellement bonne, l'unique ouvrière de la santé et de la force. Elle seule est féconde, elle seule travaille à la Cité de demain. Si je m'entête dans la règle étroite du positivisme, c'est qu'elle est le garde-fou de la démence des esprits, de cet idéalisme qui verse si aisément aux pires perversions, aux plus mortels dangers sociaux. Vous en êtes déjà au mysticisme, au satanisme, à l'occultisme, à la religion qui vit du diable, à l'amour qui ne fait pas d'enfants. Les peuples meurent, quand ils n'aiment plus la vie, quand ils vont par les ténèbres, hurlant à la mort, dans l'affolement du mystère. Seuls, les braves gens font le plus de vérité qu'ils peuvent, donnent leur effort jusqu'au bout, comme les arbres donnent les fruits sains et naturels de la terre ; et il n'est pas de meilleurs citoyens. Nous n'avons donc plus rien de commun, rompons, jeunes gens, rompons au grand jour.

Rompons sur toutes choses, rompons sur l'homme, rompons sur la femme, rompons sur la vie et rompons sur la vérité.

*
*

Voilà qui est juré, belle jeunesse, c'est fini, nous deux. Si vous ne voulez pas de moi, je veux encore moins de vous, comme la digne poule de nos basses-cours qui reculerait d'effroi devant la bande de petits canards sauvages qu'elle aurait couvés.

Lorsque vous clamez que vous avez l'horreur du vrai, que vous l'avez enterré et qu'il ne repoussera pas, ah ! si vous saviez comme vous me faites rire ! Admettons que, pour un moment, la passion du vrai s'atténue. Ne savez-vous pas que le jeu de bascule, dans la littérature, est éternel, que trop de vérité mène à trop de rêve, et que trop de rêve ramène à trop de vérité ? On n'enterre pas plus l'observation qu'on n'enterre l'imagination. Ce sont là des rodomontades de jeunesse, dans lesquelles je suis tombé moi-même, ce qui fait que ma vieille expérience s'égaye un peu de votre jeune présomption.

Mais il n'est pas réel que vous ayez obscurci pour une heure l'éclat des œuvres de vérité. Il est toujours debout, le fameux naturalisme, le naturalisme que vous dites chaque jour dans la tombe, pour bien vous convaincre qu'il y est. Et la raison de sa vitalité vigoureuse est fort simple, c'est qu'il est la floraison même de l'époque, c'est que lui seul peut pousser dans notre sol de démocratie et de science. Changez donc le terrain, changez notre société tout entière, si vous voulez y voir grandir votre art réactionnaire d'aristocratie et de révélation. L'expérience n'est-elle pas faite ? Votre art ne veut pas fleurir, vos œuvres sont mort-nées, malgré vos indiscutables talents; et ne commencez-vous pas à comprendre que, si elles ne fleurissent pas comme elles le devraient, c'est que la sève de notre terre contemporaine se refuse à elles ?

Il est une raison encore, c'est que vous n'êtes pas toute la jeunesse. Mais, comme vous êtes sûrement ceux qui font du bruit, ceux qui détiennent les journaux et les revues, il semble qu'il n'y ait que vous, puisqu'on n'entend que vous. Ces revues, ces journaux, vous me faites l'honneur et le plaisir de me les envoyer, et je les lis toujours avec infiniment d'intérêt. Vous m'y traitez fort mal, comme tous vos aînés d'ailleurs, ce qui me laisse personnellement plein de sérénité ; car, selon le mot connu, je suis un vieux parapluie sur lequel ont éclaté tant d'orages, qu'il est devenu insensible à tous les déluges. Cela m'amuse même beaucoup. Mon Dieu ! oui, votre irrespect, c'est encore ce que vous avez de mieux. Au moins vous y montrez quelque virilité. C'est là seulement que vous avez du sang dans les veines, que votre colère rend vivante votre littérature d'embaumement, et qu'on peut vous lire sans trop d'ennui.

Mais le pis, voyez-vous, c'est qu'elles sont grises, et mornes, et mortes, vos revues. Il s'en échappe je ne sais quelle odeur moisie de dogmatisme, de doctrine étroite et intolérante. Vous êtes des doctrinaires, vous avez cent ans. Vos alinéas sont trop longs, trop pleins, trop savants, trop pédants. Nos antiques revues, si copieuses et si graves, sont d'une gaieté légère, à côté des vôtres. Ah! que vous avez une triste façon d'être jeunes, et comme je vous aimerais mieux un peu fous, un peu sots, aussi injustes et passionnés, certes, mais sans toute cette lourde nuit qui veut être profonde. Eh oui, la vieille gaieté française, les chansons de Béranger lui-même, dont vous avez réhabilité la mémoire!

Enfin, vous ne sentez pas bon l'heureuse ignorance des vingt ans, le grand air libre, la chanson d'espoir qu'on jette au vent du matin, l'amour fécond qui culbute les filles au milieu des hautes herbes. Et vos œuvres exhalent le caveau muré où le soleil ne descend pas, la lubricité équivoque sans sexe ni âge, la religiosité louche qui aboutit aux pires perversions intellectuelles et morales.

* *
*

Ne m'écoutez pas, au moins, n'allez pas vous corriger ! Continuez, mes petits, continuez, de grâce ! Quand je reçois et que je lis vos revues, ah ! si vous pouviez voir de quel rire sardonique je ris dans ma vieille barbe !

Encore des lis, encore des lis, je vous assure que vous n'en avez pas mis assez ! Des jonchées, des brassées de lis, pour que vous en empoisonniez le monde ! Et des vierges pâles, des vierges tout âme se promenant dans les forêts, fondant entre les bras des amants comme des rêves, encore d'autres, toujours d'autres, pour que nous en soyons écœurés jusqu'au dégoût ! Et des symboles, oh ! des symboles, je vous en supplie, ne vous arrêtez pas, faites-en sans lassitude, et de plus obscurs, et de plus compliqués, et de plus accablants pour les pauvres cervelles humaines !

Quelle revanche vous nous préparez, mes petits ! Si votre moisson de lis, seule cause des migraines contemporaines, dure quelques années encore, le naturalisme, ce vilain naturalisme que vous avez mis en terre, va repousser dru comme les grands blés, nourrisseurs des hommes.

LE CRAPAUD

LE CRAPAUD

Lorsqu'un jeune écrivain, un débutant, vient me voir — il en vient souvent, et je les reçois très bien — le premier conseil que je lui donne est de lui dire :

— Travaillez beaucoup, régulièrement s'il est possible, chaque matin le même nombre d'heures. Ne soyez pas impatient, attendez dix ans le succès et la vente. Et surtout ne nous imitez pas, oubliez vos aînés.

Puis, ma seconde recommandation est invariablement celle-ci :

— Avez-vous un bon estomac littéraire, j'entends un estomac solide, capable de digérer allégrement toutes les sottises, toutes les abominations qu'on va écrire sur vos œuvres et sur vous?... Non, je vois à votre rougeur, à votre frémissement, que vous êtes trop jeune, trop délicat encore, et que votre dégoût fort naturel va vous causer de graves ennuis... Eh bien! tous les matins, en vous levant, à jeun, avalez-moi un bon crapaud vivant. On en vend aux Halles, votre cuisinière vous procurera ça. La dépense est nulle : trois sous pièce, si vous les prenez à la douzaine; et, en quelques années, vous vous ferez un estomac littéraire capable d'avaler les pires articles de la critique contemporaine, sans la moindre nausée.

Le jeune écrivain me regarde, inquiet, pendant que je le reconduis, en insistant sur l'efficacité de la méthode préventive qui m'a si parfaitement réussi.

— Ah! dame, je ne dis pas que, dans les premiers temps, ce soit très agréable. Mais on s'y fait, on s'y fait, jeune homme! Un bon crapaud vivant, quand on le peut garder, vous exerce, vous habitue à toutes les ignominies, à toutes les hideurs, à tous les venins. Pour la journée entière, on est vacciné contre toutes les saletés imaginables. Un homme qui, chaque jour, avale son crapaud est un homme fort, que rien n'émeut plus... Allez, allez, jeune homme, avalez votre crapaud quotidien, et vous me remercierez plus tard!

* * *

Moi, voici trente ans que, tous les matins, avant de me mettre au travail, j'avale mon crapaud, en ouvrant les sept ou huit journaux qui m'attendent, sur ma table. Je suis sûr qu'il y est, je parcours vivement de l'œil les colonnes, et il est rare que je ne le trouve pas. Attaque grossière, légende injurieuse, bordée de sottises ou de mensonges, le crapaud s'y étale, dans ce journal-ci, quand il n'est pas dans ce journal-là. Et je l'avale, complaisamment.

Certes, comme je le dis aux jeunes écrivains qui me font l'honneur de me visiter, cela ne m'a pas été très agréable au début. Je dois confesser pourtant que j'avais sans doute une vocation spéciale, car l'accoutumance m'est venue fort vite. Si j'ai fait quelques grimaces pour les premiers, je me suis bronzé dès la troisième ou quatrième douzaine. Maintenant, avec l'âge, ils passent, ils passent, c'est une merveille! Les choses en sont même arrivées au point que, si je n'avais pas mon crapaud, le matin, il me manquerait. Positivement, je serais pareil à ces vieilles gens à qui l'on supprime leur déjeuner habituel, café au lait ou chocolat, ce qui les emplit de marasme pour la journée entière. Moi, si je n'avais pas mon crapaud, je serais mou, inquiet, désenchanté, sans courage aucun, en un mot ce qu'on appelle un propre à rien.

Ah! c'est que vous ne savez pas quelle belle vigueur il m'apporte, depuis qu'il est entré dans ma vie! Comme disent les bonnes gens, c'est ça qui donne du ton à l'estomac! Jamais je ne travaille mieux que lorsqu'il est plus particulièrement hideux et qu'il sue davantage le poison. Un vrai coup de fouet dans tout mon être cérébral, une poussée qui me remonte, qui me fait asseoir passionnément à ma table de travail, avec le furieux désir d'avoir du génie! Oui, non seulement il me fait l'estomac allègre, solide, capable d'avaler l'injure et la scélératesse, ainsi que des bonbons, mais encore il est un excitant merveilleux pour ma besogne matinale, il tonifie, raffermit, élargit le cerveau, et je lui dois certainement la flamme des meilleures pages que j'ai écrites.

D'ailleurs, je n'ai pas que mon crapaud du matin, j'en ai d'autres, oh! beaucoup d'autres. Ainsi, voilà plus de vingt ans que mon éditeur, mon bon et vieil ami Charpentier, m'adresse, toutes les deux ou trois semaines, un paquet des articles publiés sur mes livres. Lui, pour sa maison, est abonné à une agence, dont il distribue ensuite les envois à chacun de ses auteurs. De sorte que, en dehors des articles que je trouve dans mes journaux du matin, le reste m'arrive par cette voie, à peu près au complet. Et il ne s'agit plus d'un crapaud isolé, mais de toute une mare, la crapaudière elle-même, dans son affreux pullulement.

Quel attendrissement, quand je songe à ces paquets du bon Charpentier ! Ils ont été à la fois une des jouissances et un des exercices les plus salutaires de ma vie. Par eux, j'ai reçu les plus hautes leçons de sagesse, je me suis perfectionné dans le courage, la patience, la résignation, l'amour de la vérité et de la justice. Et je ne les accuse que de m'avoir donné quelque orgueil. C'est qu'on ne peut se douter de ce qu'il y a, là dedans, de violence, de haine, d'injustice et d'erreur. Surtout il y a beaucoup de niaiserie. Je voudrais déballer un de ces paquets publiquement, montrer l'attaque qui part d'un journal très lu, passe en province, me revient par l'étranger, répétée sous toutes les formes. D'anciens ennemis sont devenus mes amis ; des amis, au contraire, sont allés grossir les rangs de mes ennemis. Puis, c'est le fretin, calembredaines qui datent de quinze ans, petites chroniqués vivant de la légende, fausses accusations clichées dont le cours se paye à tant la ligne. Il faut bien vivre. Voici un quart de siècle que le contenu des paquets n'a pas varié, et c'est aujourd'hui le même tas qu'à l'époque de mes débuts, beaucoup de papier gâché pour rien, sans que j'aie jamais réussi à en tirer le moindre profit.

Autrefois, voici quinze ans déjà, j'avais eu l'idée de réunir en un volume, sous ce titre : « Leurs Injures », un choix délicat des compliments que la critique m'avait adressés. Je vous assure que le recueil aurait pu servir de parfait manuel pour tous les Mardis-Gras futurs. Et l'on s'imagine si le tas a dû grandir depuis! Mon grenier de Médan en est plein jusqu'aux solives, et le pis est que ce tas grossit toujours, le fleuve coule aujourd'hui avec l'emportement qu'il avait hier, rien ne le calme, ni mon œuvre, ni mon âge. Décidément, l'orage est sans fin, le ciel crève, il pleut des crapauds.

***

Il y aurait sérieusement à faire un travail intéressant sur la masse effroyable d'articles que la presse littéraire publie quotidiennement, au sujet de certains écrivains. Je ne parle pas des quelques études, hélas ! bien rares, écrites avec conscience, dans l'amour et le respect de la littérature. Je parle de toute la basse rancune, de toute la stupidité révoltée, de toute la colère envieuse, que soulève le succès d'un écrivain, surtout le succès d'argent. Peut-être un jour essayerai-je d'analyser les éléments de ce torrent boueux que détermine un homme de lettres, dès qu'il sort du rang. Aujourd'hui, je me contenterai d'étiqueter trois genres d'articles, les plus fréquents.

D'abord, il y a l'article bête. Il est le plus excusable. D'habitude, il est écrit par un tout jeune homme, à moins qu'on n'ait affaire à quelque jocrisse vieilli, tombé en enfance. Ce critique-là n'a rien senti, n'a rien compris en lisant l'œuvre dont il rend compte, de sorte qu'il s'égare en toute sérénité, sans se douter le moins du monde de ce dont il s'agit. Il passe à côté des intentions de l'auteur, il l'accuse des crimes qu'il n'a pas commis, il lui prête les perversités de sa propre imagination, fertile sans doute en vilenies. Par bêtise, je le répète, et non par méchanceté. Mais combien cette bêtise est inquiétante ! quel facteur de faussetés, de légendes imbéciles elle peut être ! Je citerais vingt exemples, un sot a parfois suffi pour salir une œuvre belle et saine, jusqu'au jour où la tardive vérité se fait. Souvent, je me rappelle le mot que Taine répétait devant moi, il y a bien longtemps de cela, lorsque, chargé de la publicité à la maison Hachette, je lui communiquais les articles publiés sur son *Histoire de la littérature anglaise*, récemment parue. On l'attaquait violemment, les journaux religieux le poursuivaient surtout d'une haine féroce ; et il haussait les épaules, à chaque attaque de plus de passion que de talent, disant avec une douceur souriante : « C'est l'article d'un curé de campagne. » Entendez par là l'article d'un brave homme au fond, mais d'un brave homme borné, qui s'aveugle, qui n'entend absolument rien à ce dont il parle. Bon crapaud, en somme.

Ensuite, il y a l'article empoisonné. Celui-ci demande quelque talent, il est le plus souvent l'œuvre d'un intellectuel, d'un lettré, car il faut de l'érudition et de l'art pour y empoisonner jusqu'aux virgules. L'effort est d'y mettre tout ce qui peut blesser, tout ce qui peut nuire, d'exhumer les phrases oubliées de son auteur, qu'on sait devoir lui être désagréables, de rapprocher les textes qui hurlent, pour leur donner des sens meurtriers, d'accepter des légendes ce qu'elles peuvent avoir de mortel, de tendre un piège à loups au bout de chaque phrase, de faire couler entre les lignes un fleuve d'abominations sous-entendues, de cacher sous chaque mot la flèche de Caraïbe qui doit tuer, à la moindre piqûre. J'en sais deux ou trois qui ne peuvent aimer ni admirer, dont les articles d'une apparence caressante sont eux-mêmes des nids de vipères sous des roses. Ils suent naturellement la perfidie, comme les pins suent leur résine. Quelle rage épandue ont-ils donc dans les veines, quelle conscience de leur impuissance, pour baver ainsi sur toute création? On rêve des bassesses ignorées, des âmes laides et noires, de vilains messieurs, comme on dit, qui, hantés par la médiocrité de leurs œuvres, se soulagent en souillant les œuvres des autres. Un article de ceux-là est, à mon goût, le meilleur des crapauds, couvert des pustules de l'envie, gonflé du venin de la haine. Quand un écrivain a la chance d'en avaler un, il est pour des mois immunisé, rendu insensible aux plus sanglants outrages.

Enfin, il y a l'article fou. J'entends par là l'article d'un sectaire, d'un détraqué de la politique ou de la foi. Ah! cette misère de l'intolérance, de la passion désordonnée qui rend fou, qui tue toute vérité et toute justice! Vous les connaissez, n'est-ce pas? Ils sont partis en guerre précisément au nom de cette justice et de cette vérité, et ils ont accumulé la plus exécrable des besognes, la diffamation, la délation, condamnant les gens sans preuve aucune, inventant des preuves au besoin, acceptant comme des certitudes prouvées les bas commérages, s'acharnant sur des enfants, sur des femmes, sans bonté, sans charité, sans même ce simple bon sens qui fait pardonner chez les autres l'humanité faillible qu'on a en soi. Aussi quelle œuvre ils vont laisser, cette œuvre qu'ils s'imaginent peut-être justicière, rédemptrice! Voyez-vous, dix ans après leur mort, quelque audacieux chercheur descendant dans cet égout de l'injure, où dormiront ces flots pourris d'invectives, dégorgées en des accès de folie manifeste? Aujourd'hui encore, nous nous les expliquons; mais, plus tard, comment comprendre cet amas d'ignominies, ces crachats lancés à la face des plus nobles, des plus grands? Nos petits-fils feront l'œuvre vraie de justice, remettront chaque ouvrier du siècle en sa place, et quel gibet pour les insulteurs, qui n'auront su qu'insulter les gloires rayonnantes de demain! Ah! de ceux-là les crapauds horribles, verdâtres et gluants, me sont doux comme des pastilles d'ambroisie, qui donnent à l'avance le divin goût de l'immortalité !

* * *

Franchement, ces critiques, infatigables pourvoyeurs de crapauds, m'étonnent. Pourquoi diable font-ils un si vilain métier?

Pour nuire aux auteurs qu'ils injurient de la sorte? Mais ce calcul est absurde, ils ne nuisent pas, ils servent au contraire ! Comment ne se disent-ils point cette vérité prouvée, indiscutable, qu'un écrivain ne grandit que sous les attaques? Les plus grands sont les plus attaqués, et, dès qu'on cesse de les attaquer, c'est qu'ils déclinent. La preuve est infaillible : on m'attaque toujours, donc je suis encore. Et la vraie mort littéraire commence au silence qui se fait sur les œuvres et sur l'homme. Si bien que les insulteurs ne sont en réalité que les trompettes retentissantes sonnant la gloire de l'écrivain dont ils s'acharnent à suivre le triomphe.

Puisqu'ils veulent évidemment nuire, la seule tactique adroite serait le silence. Mais c'est ici qu'éclate la justice immanente des choses. Ils ne peuvent pas se taire, il faut qu'ils aboient, comme le chien, lorsque la caravane passe. Je suis convaincu que la Providence, à laquelle je veux croire, en cette occasion, nous a donné, à nous écrivains, les critiques insulteurs, ainsi qu'elle a donné le vent à la voile, pour la gonfler et la pousser plus vite au port glorieux de l'avenir. Tous les soirs, nous devons supplier le ciel de nous accorder pour le lendemain notre part d'insulteurs, car peut-être n'existons-nous que par eux. Personnellement, dans ma modestie, je me dis parfois que mes insulteurs m'ont fait la part vraiment trop belle, en portant mon nom aux quatre coins du monde, et en voulant bien me continuer, jusque dans ma vieillesse commençante, le secours de leur voix d'airain, pour annoncer aux peuples attentifs que je reste debout et invincible, puisque leur acharnement même confesse qu'ils ne m'ont pas encore abattu.

S'ils ne sauraient nuire aux gens qu'ils attaquent, à qui nuisent-ils donc? Mon Dieu, ils nuisent à eux-mêmes ! Les pages laissées par le critique sont d'un témoignage terrible; car, s'il s'est trompé en jugeant une œuvre, la preuve de son erreur demeure à jamais ; et vous imaginez-vous la figure que fait sa sentence, désormais vaine et convaincue d'imbécillité, devant l'œuvre enfin triomphante? Je songe parfois à Sainte-Beuve, dont certes la mémoire a de quoi se consoler, car il a laissé assez de jugements équitables et définitifs; mais, s'il revenait, quel ennui serait le sien, en voyant la taille démesurée que Balzac a prise, la royauté indiscutée qu'il exerce sur le roman moderne, ce Balzac si combattu, si nié par lui! Et Barbey d'Aurevilly, et Planche lui-même, mieux équilibré, comme ils font bien de rester dans la tombe, pour ne pas voir la plupart de leurs arrêts cassés et les écrivains, qu'ils ont voués au néant, survivre, dans l'éternel renouveau du génie humain!

Tout à l'heure, je parlais de l'immonde cloaque que deviendra l'amas des articles laissés par certains insulteurs, maniaques de l'injure. Mais, sans descendre à ces cas exceptionnels, d'une certitude évidente, je suis toujours surpris de constater que la plupart des critiques ne se préoccupent pas davantage du procès qui reviendra forcément, devant les générations, entre leur sentence et l'œuvre qu'ils ont jugée. Seules, en cette matière, la raison et la justice sont souveraines, de sorte que toute critique, rendue en dehors d'elles, est frappée à l'avance de néant. Elle ne tournera qu'à la honte de celui qui l'aura laissée. L'unique excuse pourra être la bonne foi, qui prendra alors le nom d'inintelligence. Et, quant aux autres, à tous ceux qui auront agi bassement, par passion, par envie, par haine, ils seront convaincus d'avoir été de vilaines âmes. Jamais je n'ai lu un de ces articles de fiel et de colère, sur un de mes livres, sans être pris au fond de compassion pour le pauvre homme qui l'avait écrit. Encore un qui veut être un vilain monsieur sous la pierre de son tombeau, lorsque nous serons morts tous les deux, et que je dormirai sous la mienne, bien tranquille d'avoir fait ma tâche en bon ouvrier honnête.

* * *

Tombe, tombe donc toujours chez moi, bienfaisante pluie de crapauds! Continue à m'apporter le courage de voir en face les hommes, sans être pris de désespérance.

Chaque matin, avant mon travail, fais que je ne manque jamais de trouver sur ma table, dans mes journaux, le crapaud vivant accoutumé, qui depuis si longtemps m'aide à digérer notre féroce vie littéraire. Je sens bien que cette hygiène est maintenant nécessaire à ma vigueur.

Et, le jour où mon crapaud me manquera, c'est que ma fin sera prochaine et que ma dernière bonne page sera écrite.

Allons! un crapaud hier, un crapaud aujourd'hui, en attendant le crapaud de demain, pour ma santé et pour ma joie!

L'AMOUR DES BÊTES

L'AMOUR DES BÊTES

Pourquoi la rencontre d'un chien perdu, dans une de nos rues tumultueuses, me donne-t-elle une secousse au cœur ?

Pourquoi la vue de cette bête, allant et venant, flairant le monde, effarée, visiblement désespérée de ne pas retrouver son maître, me cause-t-elle une pitié si pleine d'angoisse, qu'une telle rencontre me gâte absolument une promenade ?

Pourquoi, jusqu'au soir, jusqu'au lendemain, le souvenir de ce chien perdu me hante-t-il d'une sorte de désespérance, me revient-il sans cesse en un élancement de fraternelle compassion, dans le souci de savoir ce qu'il fait, où il est, si on l'a recueilli, s'il mange, s'il n'est pas à grelotter au coin de quelque borne ?

Pourquoi ai-je ainsi, au fond de ma mémoire, de grandes tristesses qui s'y réveillent parfois, des chiens sans maîtres, rencontrés il y a dix ans, il y a vingt ans, et qui sont restés en moi comme la souffrance même du pauvre être qui ne peut parler et que son travail, dans nos villes, ne peut nourrir?

Pourquoi la souffrance d'une bête me bouleverse-t-elle ainsi? Pourquoi ne puis-je supporter l'idée qu'une bête souffre, au point de me relever la nuit, l'hiver, pour m'assurer que mon chat a bien sa tasse d'eau? Pourquoi toutes les bêtes de la création sont-elles mes petites parentes, pourquoi leur idée seule m'emplit-elle de miséricorde, de tolérance et de tendresse?

Pourquoi les bêtes sont-elles toutes de ma famille, comme les hommes, autant que les hommes?

* * *

Souvent, je me suis posé la question, et je crois bien que ni la physiologie, ni la psychologie n'y ont encore répondu d'une façon satisfaisante.

D'abord, il faudrait classifier. Nous sommes légion, nous autres qui aimons les bêtes. Mais on doit compter aussi ceux qui les exècrent et ceux qui se désintéressent. De là, trois classes : les amis des bêtes, les ennemis, les indifférents.

Une enquête serait nécessaire pour établir la proportion. Puis, il resterait à expliquer pourquoi on les aime, pourquoi on les hait, pourquoi on les néglige. Peut-être arriverait-on à trouver quelque loi générale. Je suis surpris que personne encore n'ait tenté ce travail, car je m'imagine que le problème est lié à toutes sortes de questions graves, remuant en nous le fond même de notre humanité.

On a dit que les bêtes remplaçaient les enfants chez les vieilles filles à qui la dévotion ne suffit pas. Et cela n'est pas vrai, l'amour des bêtes persiste, ne cède pas devant l'amour maternel, quand celui-ci s'est éveillé chez la femme. Vingt fois, j'ai vérifié le cas, des mères passionnées pour leurs enfants, et qui gardaient aux bêtes l'affection de leur jeunesse, aussi vive, aussi active. Cette affection est toute spéciale, elle n'est pas entamée par les autres sentiments, et elle-même ne les entame pas. Rien ne saurait prouver d'une façon plus décisive qu'elle existe en soi, bien à part, qu'elle est distincte, qu'on peut l'avoir ou ne pas l'avoir, mais qu'elle est une manifestation totale de l'universel amour, et non une modification, une perversion d'un des modes particuliers d'aimer.

On aime Dieu, et c'est l'amour divin. On aime

ses enfants, on aime ses parents, et c'est l'amour maternel, c'est l'amour filial. On aime la femme, et c'est l'amour, le souverain, l'éternel. On aime les bêtes, enfin, et c'est l'amour encore, un autre amour qui a ses conditions, ses nécessités, ses douleurs et ses joies. Ceux qui ne l'éprouvent pas en plaisantent, s'en fâchent, le déclarent absurde, tout comme ceux qui n'aiment pas certaines femmes ne peuvent admettre que d'autres les aiment. Il est, ainsi que tous les grands sentiments, ridicule et délicieux, plein de démence et de douceur, capable d'extravagances véritables, aussi bien que des plus sages, des plus solides volontés.

Qui donc l'étudiera? Qui donc dira jusqu'où vont ses racines dans notre être? Pour moi, lorsque je m'interroge, je crois bien que ma charité pour les bêtes est faite, comme je le disais, de ce qu'elles ne peuvent parler, expliquer leurs besoins, indiquer leurs maux. Une créature qui souffre et qui n'a aucun moyen de nous faire entendre comment et pourquoi elle souffre, n'est-ce pas affreux, n'est-ce pas angoissant? De là, cette continuelle veille où je suis près d'une bête, m'inquiétant de ce dont elle peut manquer, m'exagérant certainement la douleur dont elle peut être atteinte. C'est la nourrice près de l'enfant, qu'il faut qu'elle comprenne et soulage.

Mais cette charité n'est que de la pitié, et comment expliquer l'amour ? La question reste entière, pourquoi la bête en santé, la bête qui n'a pas besoin de moi, demeure-t-elle à ce point mon amie, ma sœur, une compagne que je recherche, que j'aime ? Pourquoi cette affection chez moi, et pourquoi chez d'autres l'indifférence et même la haine ?

Ces temps derniers, comme j'achevais d'écrire le roman qui a Rome pour cadre, j'ai reçu de cette ville une longue lettre qui m'a infiniment touché.

Je ne crois pas devoir en nommer le signataire. Il s'agit d'un officier supérieur de l'armée italienne, d'un héros de l'indépendance, fort âgé, je crois, et qui a pris depuis longtemps sa retraite. Si je me permets de donner quelque publicité à l'objet de sa lettre, c'est que je pense obéir à ses intentions et lui faire même un grand plaisir.

Il m'écrivait donc pour me supplier de prendre, dans mon roman, la défense des bêtes.

Et le mieux est de citer : « Avez-vous remarqué les horribles atrocités qu'on exerce impunément à Rome contre les animaux, soit en public, soit en privé? De toute manière, le fait existe ouvertement, révoltant et détestable. Rien n'a valu pour y porter remède. Je crois que vous seulement pourriez faire ce miracle, par votre puissante parole, par l'attention universelle dont vous disposez, par l'universelle réprobation qui, à votre parole indignée, ne manquerait pas d'éclater. Sur ce thème, que j'ai étudié toute ma vie, je pourrais vous fournir des faits innombrables. »

Est-il rien de plus touchant que cet appel d'un vieux soldat en faveur des pauvres bêtes qui souffrent? Il se trompe singulièrement sur mon pouvoir, et je m'excuse d'avoir reproduit la phrase de sa lettre où il donne à ma parole une importance si exagérée. Mais, en vérité, n'est-ce point charmant et attendrissant, ce défenseur des bêtes, qui toute sa vie les a protégées, qui s'avoue vaincu, et qui va chercher un simple romancier d'une nation voisine, pour l'intéresser à la cause et lui demander le plaidoyer dont il espère enfin, sinon le salut, du moins un soulagement? J'avoue que l'ami des chiens perdus, en moi, a sympathisé tout de suite avec le vieux brave, qui est sûrement un brave homme.

Mon roman était terminé, et je n'ai pu y glisser la moindre page en faveur des bêtes. Je me hâte d'ailleurs d'ajouter que je n'ai vu, à Rome, aucune scène m'autorisant à les défendre. Je ne mets pas en doute la parole de mon correspondant, je déclare simplement que pas une des atrocités dont il a parlé n'a frappé mes yeux. Il est à croire que les choses sont à Rome comme elles sont à Paris, bien que, d'après mes observations, il m'a toujours semblé que l'amour des bêtes décroissait, à mesure qu'on descendait vers les pays du soleil. Et, à ce propos, je citerai encore ce passage de la lettre : « A Milan, et en général chez les Italiens d'origine celtique, un coup de canne donné à un chien, et qui ne manquerait pas de soulever l'indignation publique, serait passible de l'amende établie par le Code ; tandis que, dans le Sud, les cruautés les plus raffinées, les plus révoltantes, tombent difficilement sous l'action du juge, parce qu'elles ne rencontrent chez les passants que la plus olympique indifférence. » La remarque est certainement juste, et c'est là un document pour le travail qu'on fera un jour.

Nous avons eu, à Paris, de vieilles dames qui

guettaient les savants vivisecteurs, et qui tombaient sur eux à coups d'ombrelles. Elles paraissaient fort ridicules. Mais s'imagine-t-on la révolte qui devait soulever ces pauvres âmes, à la pensée qu'on prenait des chiens vivants, pour les découper en petits morceaux ? Songez donc qu'elles les aiment, ces misérables chiens, et que c'est un peu comme si l'on coupait dans leur propre chair. Le héros qui m'a écrit, qui s'est battu sans peur ni reproche, sans craindre de tuer ni d'être tué, appartient certainement à la grande famille de ces âmes fraternelles que l'idée de la souffrance exaspère, même chez les bêtes, surtout chez les bêtes, qui ne peuvent ni parler, ni lutter. Je lui envoie publiquement ma poignée de main la plus attendrie et la plus respectueuse.

*
* *

J'ai eu un petit chien, un griffon de la plus petite espèce, qui se nommait Fanfan. Un jour, à l'Exposition canine, au Cours-la-Reine, je l'avais vu dans une cage en compagnie d'un gros chat. Et il me regardait avec des yeux si pleins de tendresse, que j'avais dit au marchand de le sortir un peu de cette cage. Puis, par terre, il s'était mis à marcher comme un petit chien à roulettes. Alors, enthousiasmé, je l'avais acheté.

C'était un petit chien fou. Un matin, je l'avais depuis huit jours à peine, lorsqu'il se mit à tourner sur lui-même, en rond, sans fin. Quand il tombait de fatigue, l'air ivre, il se relevait péniblement, il se remettait à tourner. Quand, saisi de pitié, je le prenais dans mes bras, ses pattes gardaient le piétinement de sa continuelle ronde ; et, si je le posais par terre, il recommençait, tournait encore, tournait toujours. Le vétérinaire, appelé, me parla d'une lésion au cerveau. Puis, il offrit de l'empoisonner. Je refusai. Toutes les bêtes meurent chez moi de leur belle mort, et elles dorment toutes tranquilles, dans un coin du jardin.

Fanfan parut se guérir de cette première crise. Pendant deux années, il entra dans ma vie, à un point que je ne pourrais dire. Il ne me quittait pas, se blottissait contre moi, au fond de mon fauteuil, le matin, durant mes quatre heures de travail ; et il était devenu ainsi de toutes mes angoisses et de toutes mes joies de producteur, levant son petit nez aux minutes de repos, me regardant de ses petits yeux clairs. Puis, il était de chacune de mes promenades, s'en allait devant moi de son allure de petit chien à roulettes qui faisait rire les passants, dormait au retour sous ma chaise, passait les nuits au pied de mon lit, sur un coussin. Un lien si fort s'était noué entre nous, que, pour la plus courte des séparations, je lui manquais autant qu'il me manquait.

Et, brusquement, Fanfan redevint un petit chien fou. Il eut deux ou trois crises, à des intervalles éloignés. Ensuite, les crises se rapprochèrent, se confondirent, et notre vie fut affreuse. Quand sa folie circulante le prenait, il tournait, il tournait sans fin. Je ne pouvais plus le garder contre moi, dans mon fauteuil. Un démon le possédait, je l'entendais tourner, pendant des heures, autour de ma table. Mais c'était la nuit surtout que je souffrais de l'écouter, emporté ainsi en cette ronde involontaire, têtue et sauvage, un petit bruit de petites pattes continu sur le tapis. Que de fois je me suis levé pour le prendre dans mes bras, pour le garder ainsi une heure, deux heures, espérant que l'accès se calmerait ; et, dès que je le remettais sur le tapis, il recommençait à tourner. On riait de moi, on me disait que j'étais fou moi-même de garder ce petit chien fou dans ma chambre. Je ne pouvais faire autrement, mon cœur se fendait à l'idée que je ne serais plus là pour le prendre, pour le calmer, et qu'il ne me regarderait plus de ses petits yeux clairs, ses yeux éperdus de douleur, qui me remerciaient.

Ce fut ainsi, dans mes bras, qu'un matin Fanfan mourut, en me regardant. Il n'eut qu'une légère secousse, et ce fut fini, je sentis simplement son petit corps convulsé qui devenait d'une souplesse de chiffon. Des larmes me jaillirent des yeux, c'était un arrachement en moi. Une bête, rien qu'une petite bête, et souffrir ainsi de sa perte, être hanté de son souvenir à un tel point que je voulais écrire ma peine, certain de laisser des pages où l'on aurait senti mon cœur. Aujourd'hui, tout cela est loin, d'autres douleurs sont venues, je sens que les choses que j'en dis sont glacées. Mais, alors, il me semblait que j'avais tant à dire, que j'aurais dit des choses vraies, profondes, définitives, sur cet amour des bêtes, si obscur et si puissant, dont je vois bien qu'on sourit à mon entour, et qui m'angoisse pourtant jusqu'à troubler ma vie.

Oui, pourquoi m'être attaché si profondément au petit chien fou ? Pourquoi avoir fraternisé avec lui comme on fraternise avec un être humain ? Pourquoi l'avoir pleuré comme on pleure une créature chère ? N'est-ce donc que l'insatiable tendresse que je sens en moi pour tout ce qui vit et tout ce qui souffre, une fraternité de souffrance, une charité qui me pousse vers les plus humbles et les plus déshérités ?

* * *

Et voilà que j'ai fait un rêve, à l'appel que j'ai reçu de Rome, cette lettre suppliante d'un vieux soldat, qui me demande de venir au secours des bêtes.

Les bêtes n'ont pas encore de patrie. Il n'y a pas encore des chiens allemands, des chiens italiens et des chiens français. Il n'y a partout que des chiens qui souffrent quand on leur allonge des coups de canne. Alors, est-ce qu'on ne pourrait pas, de nation à nation, commencer par tomber d'accord sur l'amour qu'on doit aux bêtes ? De cet amour universel des bêtes, pardessus les frontières, peut-être en arriverait-on à l'universel amour des hommes. Les chiens du monde entier devenus frères, caressés en tous lieux avec la même tendresse, traités selon le même code de justice, réalisant le peuple unique des libertaires, en dehors de l'idée guerroyante et fratricide de patrie, n'est-ce pas là le rêve d'un acheminement vers la cité du bonheur futur? Des chiens internationaux que tous les peuples pourraient aimer et protéger, en qui tous les peuples pourraient communier, ah! grand Dieu! le bel exemple, et comme il serait désirable que l'humanité se mît dès aujourd'hui à cette école, dans l'espoir de l'entendre se dire plus tard que de telles lois ne sont pas faites uniquement pour les chiens!

Et cela, simplement, au nom de la souffrance, pour tuer la souffrance, l'abominable souffrance dont vit la nature et que l'humanité devrait s'efforcer de réduire le plus possible, d'une lutte continue, la seule lutte à laquelle il serait sage de s'entêter. Des lois qui empêcheraient les hommes d'être battus, qui leur assureraient le pain quotidien, qui les uniraient dans les vastes liens d'une société universelle de protection contre eux-mêmes, de façon que la paix régnât enfin sur la terre. Et, comme pour les pauvres bêtes errantes, se mettre d'accord, tout modestement, à l'unique fin de ne pas recevoir des coups de canne et de moins souffrir.

LA SOCIÉTÉ DES GENS DE LETTRES

LA

SOCIÉTÉ DES GENS DE LETTRES

CE QU'ELLE EST

J'ai eu l'honneur de présider pendant quatre ans le Comité de la Société des Gens de lettres. Et, au lendemain du jour où j'ai quitté le fauteuil, encore tout nourri des pensées qu'éveillent en moi mes fonctions récentes, je m'imagine qu'il n'est peut-être pas sans intérêt, ni même sans profit, de résumer ici les observations et, j'ose le dire, le fruit expérimental de mes quatre années de présidence.

Ce qui m'y pousse par-dessus tout, c'est l'impérieux désir de faire un peu de vérité. Pendant que j'étais attaché à mon fauteuil, sans pouvoir répondre, j'ai lu, sur notre Société, des articles si mal documentés, pleins d'erreurs si grosses, si fâcheuses, que mon besoin de clarté et de bon sens en a cruellement souffert. Il n'est certainement pas d'Association sur laquelle circulent plus de légendes, dont on ignore davantage le caractère et le rôle, et dont, enfin, on parle avec plus d'injustice et d'aveugle rancune.

Certainement, notre Société n'est point l'impeccable, la parfaite, la définitive. Mais encore, pour juger les choses, faut-il y mettre de la logique et de l'équité. Dans ce premier article, je me contenterai de dire ce qu'elle est ; et, dans un deuxième, je dirai ce que, selon moi, elle devrait être.

* *

A la prendre aujourd'hui, sous la pleine lumière, elle est superbe et florissante. Fondée il y a cinquante-huit ans par des maîtres de la littérature, elle a traversé toutes les fortunes, longtemps en danger de mort, peu à peu puissante, triomphante enfin et devenue un des rouages indispensables de notre profession littéraire. A cette heure, elle a près de trois millions d'actif social, elle a été récemment déclarée d'utilité publique, elle vient enfin d'acheter un hôtel, de se mettre dans ses meubles, par une heureuse opération qui est à la fois un bon placement de son argent et une joie glorieuse pour elle. En somme, elle a donc vaincu, après bien des luttes, bien des désastres; et il semble donc qu'elle doive désormais régner incontestée, d'une solidité inattaquable, au milieu de la reconnaissance et du respect de tous.

Eh bien ! cela n'est pas. Certes, je répète qu'elle est une puissance et que rien ne la menace plus sérieusement. Mais, il faut bien le dire, elle ne fonctionne pas avec l'aisance, avec la belle régularité d'une machine mathématiquement construite. On entend quelques heurts, quelques rouages qui grincent. D'autre part, il y a autour d'elle comme une continuelle colère, une sourde impopularité, surprenante d'abord, explicable ensuite. On l'accuse d'être taquine, processive, envahissante et tyrannique. On lui reproche surtout, avec un extraordinaire mépris, de ne travailler que pour les gros sous, de ravaler les lettres par son âpreté au gain et la bassesse de son avarice. Et, enfin, le plus sanglant outrage qu'on jette à son Comité est d'être sans prestige, d'avoir compté autrefois les Balzac, les Hugo, les Dumas, et de ne réunir aujourd'hui que les noms les moins littéraires de l'époque.

Pour bien établir la situation, il faut que je pose ici, en face de notre Société des Gens de lettres, l'autre Société similaire, la Société des Auteurs et Compositeurs dramatiques. Celle-ci fonctionne, je ne dirai pas au milieu de plus de sympathie, mais de plus de silence, d'un consentement unanime évident. Les rouages en sont si logiques, si bien adaptés à leur fonction, si bien huilés aussi, qu'ils ne font aucun bruit. Je la crois tout aussi âpre que sa sœur voisine, une impitoyable machine à encaisser; et il n'y a pas de plainte, l'opération se fait sans douleur, paraît-il. Enfin, elle a tout le panache, tout le prestige qu'on peut désirer, car son Comité ne compte guère que des académiciens, la gloire même du théâtre contemporain.

Que se passe-t-il donc? Pourquoi ces situations différentes des deux Sociétés, également prospères, également indispensables, l'une si nette, si discrète, si respectée, l'autre toujours discutée, toujours invectivée, au plein jour des journaux, souvent par ceux-là mêmes qui ont le plus besoin d'elle?

*
*   *

Si l'on veut comprendre, il faut d'abord rappeler dans quelles conditions et dans quel but la Société des Gens de lettres a été fondée. Elle n'est qu'une Société commerciale de secours mutuel. C'était à l'âge d'or du roman-feuilleton, au lendemain de cette trouvaille qui révolutionnait la presse : un roman découpé en tranches, servi quotidiennement aux abonnés, allumant les imaginations ; trouvaille si décisive, qu'il allait en sortir un genre littéraire. Et le succès fut tel, que toutes sortes de pirates se déclarèrent. On volait dans la presse comme dans un bois. Les journaux de province surtout reproduisaient les romans sans même en demander l'autorisation aux auteurs. Ceux-ci finirent par se fâcher d'être ainsi dépouillés impudemment, et l'idée leur vint de s'entendre, de se réunir en une association pour réglementer la reproduction. La Société est née de là, elle n'est en effet qu'une association d'écrivains traitant avec les journaux, ayant des journaux abonnés, qui, moyennant une redevance convenue, ont le droit de reproduire les œuvres des membres sociétaires. Et rien autre.

Plus tard, la pensée d'aide et de secours a pu être réalisée, des secours donnés, des avances faites, enfin des pensions servies.

Si la Société n'avait jamais eu comme membres que des romanciers, elle aurait fonctionné toujours avec une régularité admirable. On comprend, en effet, avec quelle aisance le mode de perception se serait établi. Rien qu'une opération : les feuilletons reproduits, payés à tant la ligne ou au prorata des œuvres publiées. C'est ce qui a lieu à la Société des Auteurs et Compositeurs dramatiques : rien que des pièces jouées, touchant un tant pour cent dans des conditions identiques. Mais notre Société a dû s'ouvrir à tous les hommes de lettres, aux poètes, aux historiens, aux journalistes, comme aux romanciers. C'est son universalité qui fait à la fois sa force et son tourment. Car, s'il est encore facile de percevoir la reproduction d'une pièce de vers, d'une page d'histoire, d'une chronique, allez donc percevoir la reproduction d'un article politique ! Dès lors, les cas les plus délicats se posent, il est nécessaire de distinguer, d'en arriver parfois au bon plaisir. Adieu le beau fonctionnement méthodique de la machine, et c'est ce qui fait que, parfois, les rouages grincent, qu'il y a des heurts et des difficultés.

Il y faut toutes sortes de ménagements et d'arrangements.

Puis, tout de suite, une remarque frappe. Chez les Auteurs et les Compositeurs, c'est de la production qu'il s'agit, de l'œuvre totale, prise à sa naissance même, suivie dans son évolution entière ; tandis que, chez nous, il ne s'agit que de la reproduction, l'œuvre ne vient à nous que lorsqu'elle a été publiée déjà, elle nous échappe dans ce qu'elle a de plus important. Cela est évidemment bâtard, incomplet. Et il faut ajouter que nous avons, en face de nous, les journaux comme parties contractantes, c'est-à-dire adverses, ce qui explique leur mauvaise humeur à notre égard, le retentissement qu'ils donnent aux moindres difficultés qui nous divisent, lorsque les Auteurs et les Compositeurs, n'ayant affaire qu'aux directeurs de théâtres, trouvent ceux-ci beaucoup plus résignés, en tout cas beaucoup moins bruyants.

Mais c'est surtout dans la manière dont sont composés les deux Comités que se cache un enseignement. C'est la fonction qui fait l'organe, le pouvoir tombe fatalement aux mains de ceux qui ont le plus d'intérêt à l'exercer. Si l'on voit, dans l'un des Comités, les gloires du théâtre actuel, les Dumas, les Sardou, les Halévy, les Meilhac, l'explication en est simplement qu'étant les plus joués, ils ont été amenés à prendre, d'instinct, la direction commerciale de leur profession. De même, dans le Comité voisin, si l'on voit, en grande majorité, les noms de nos romanciers populaires, d'un éclat littéraire moindre, c'est également que la force des choses les a mis au pouvoir, à la tête d'une entreprise où ils ont les plus gros intérêts à défendre. Ici, il faudrait résumer les trente dernières années de notre littérature, le roman-feuilleton peu à peu abandonné par les maîtres, le roman d'analyse conquérant toutes les hautes situations, les journaux forcés de s'adresser, pour la reproduction, aux romanciers populaires, qui seuls continuent les grands conteurs d'autrefois. Et, si notre Comité manque de panache, l'unique raison en est là : il est aux mains des travailleurs qui ont l'instinctif besoin que la maison marche bien.

Nous autres, les romanciers artistes, les mandarins, comme on dit, nous nous désintéressons. Ce n'est pas drôle de donner, chaque semaine, deux heures de son temps pour discuter des affaires d'argent ennuyeuses. Les jours de ciel clair, à quoi bon nous enfermer dans une salle, lorsqu'il y a là de bonnes gens qui se chargent de la besogne ? Nous comptons qu'elle sera bien faite, car ils y ont plus de profit que nous, étant les plus reproduits. Chaque mois, ou chaque année, nous nous contenterons d'aller toucher notre argent. Et nous n'assisterons même pas aux Assemblées générales, et nous nous déchargerons de tout, dans la certitude que tout ira très bien. Voilà comment le nouveau président, M. Henry Houssaye, est, je crois, le premier académicien qui daigne présider le Comité, et voilà comment ce serait une aventure extraordinaire, si, l'année prochaine, après avoir été président, je témoignais le désir de rentrer comme simple membre. Aux Auteurs et aux Compositeurs dramatiques, Dumas a longtemps été simple membre; et, s'il avait quitté le fauteuil, il serait redevenu simple membre.

Le Comité est donc ce qu'il doit être, par notre abstention, par le sol où il pousse et les conditions dans lesquelles il évolue. D'ailleurs, émanation du suffrage universel, il est ce que l'Assemblée générale le fait, et ce serait simplement à l'Assemblée de le changer, si elle le désirait autre.

* * *

Ah! que je voudrais ardemment que les confrères très spirituels qui le plaisantent, et les quelques âmes noires qui l'injurient, pussent assister aux séances que le Comité tient les lundis de chaque semaine! Ils y verraient de très braves gens s'occuper avec dévouement, discrétion et prudence, des affaires assez compliquées et ingrates de la communauté, sans toucher un centime pour cela. Des écrivains d'une notoriété restreinte parfois, mon Dieu! oui, mais qui n'en sont pas moins le plus souvent des esprits très nets, très actifs, animés de la plus sincère fraternité. De simples romanciers-feuilletonistes, c'est encore vrai! mais de grands travailleurs tout de même qui enchantent des millions d'humbles lecteurs, des producteurs infatigables et infiniment bons, comme M. Émile Richebourg, que je me permets de nommer parce qu'il est un des doyens, et qui est en somme un maître dans un genre dont l'importance sociale est considérable.

Oui, que ne peuvent-ils assister aux séances, les railleurs et les insulteurs! Ils y sauraient d'abord que les partis pris politiques ou littéraires du Comité ne sont plus que de la légende. L'impartialité la plus complète règne, tout écrivain qui a déjà produit quatre volumes, dans de sérieuses conditions professionnelles, est certain d'être reçu sociétaire. En quatre années, je n'ai pas vu un seul déni de justice. Les admissions sont plutôt trop larges. Et, tous les débutants ayant la faculté de se faire admettre comme adhérents, c'est-à-dire de charger la Société de toucher leur reproduction, en attendant d'avoir le bagage exigé pour être sociétaires, il s'ensuit qu'il n'est pas au monde de Société plus ouverte ni plus maternelle.

Ils verraient aussi quelles études difficiles, quel travail considérable nécessitent les moindres progrès. Je ne parle pas de la refonte récente des statuts ni de la déclaration d'utilité publique, qui ont occupé le Comité pendant des mois. Mais une besogne que j'ai suivie de plus près, la hausse des tarifs, a été particulièrement ardue, pleine de soucis et de complications. Depuis trente ans, les tarifs d'abonnement pour les journaux étaient restés les mêmes. La presse s'était renouvelée, tout avait renchéri, et certains journaux avaient fini par payer la reproduction un prix dérisoire; sans compter qu'il s'agissait d'unifier les anciens traités, devenus le chaos même. On se souvient de la tempête soulevée, les journaux criaient, beaucoup de sociétaires eux-mêmes se fâchaient. Le Comité s'est entêté très sagement, très bravement, et l'expérience a prouvé qu'il travaillait pour le bien de tous, avec son bon sens et sa modération ordinaires.

Ils y verraient aussi la surveillance continue, avisée et ferme, qu'il faut exercer pour la défense de nos droits. A chaque séance, c'est la petite guerre, les tentatives sans cesse renouvelées de certains journaux pour échapper au payement de la reproduction. Je ne parle pas des journaux honnêtes, la grande majorité, avec qui nos rapports sont parfaits. Mais on ne se doute pas du pullulement des essais sournois, ni du flot des affaires litigieuses qui tombent, le lundi, sur la table des séances. Notre délégué, l'excellent M. Édouard Montagne, est heureusement un gardien fidèle, très expérimenté et très loyal. Et je voudrais aussi qu'on vît à l'œuvre notre conseil judiciaire, présidé par M⁰ Adrien Huard, si compétent, si dévoué, ce conseil judiciaire dont les membres viennent, eux aussi, à tour de rôle, chaque lundi, donner leur temps et leur expérience, pour le seul amour des gens de lettres.

Mais surtout ce qu'ils verraient, à chaque

séance, c'est le désir brûlant d'augmenter la caisse des retraites. On ne cause que de cela, on ne travaille que pour cela. Sur nos six cent cinquante membres environ, cent quarante sont aujourd'hui pensionnaires. Toutes les pensions sont servies, vingt-cinq ans de sociétariat et soixante ans d'âge. Mais que le chiffre en est jusqu'ici misérable! Cinq cents francs, à peine de quoi manger du pain. Et encore devons-nous ces pauvres rentes à l'heureuse loterie d'il y a quelque dix ans. Aussi toutes les cervelles du Comité travaillent-elles pour doubler la pension, ce qui serait un chiffre au moins raisonnable. Je me suis occupé, pour ma part, de plusieurs projets, en vain, hélas! Dernièrement, et bien que nous n'ayons pu nous entendre avec les éditeurs, nous avons mis en train tout un système nouveau de publicité, sur lequel nous comptons beaucoup. J'en reparlerai un jour.

Et, enfin, c'est au commencement de chaque séance que je voudrais faire assister ceux qui plaisantent et ceux qui injurient, à ces séances qui, toutes, s'ouvrent par de pitoyables demandes de secours. Ce sont les vaincus de notre armée, les écrivains battus dans la lutte, et de malheureuses femmes, et des veuves, et des orphelins. Nous avons des bienfaiteurs. M. Chauchard, très généreusement, nous donne dix mille francs chaque année, dont le meilleur va à nos pauvres, tandis que le reste, distribué en prix littéraires, n'est peut-être pas sans nous causer quelque souci. Mais les plaies sont si vives que presque toujours le Comité est impuissant à donner selon son cœur. Il faut, chaque fois, consulter le crédit des secours, et, si l'on donne, c'est en tremblant, avec la crainte que, dès la séance suivante, il n'y ait plus de quoi donner.

* * *

Vraiment, ils me font pitié, les fiers artistes qui accusent notre Société de ne songer qu'aux gros sous! Eh! oui, les gros sous! Avec quoi pensent-ils donc que la vie se paye? Et en sont-ils encore à cette belle conception aristocratique qui voulait que les écrivains fussent nourris à la table des grands, pour rehausser leur train d'un luxe de belles œuvres, toutes parfumées par les fleurs louangeuses des dédicaces?

Les gros sous, parfaitement! car ce sont les gros sous qui payent le pain de chaque jour. La misère des nôtres n'est donc pas connue? Ne sait-on pas qu'il y a de pauvres hommes de lettres, vieillis dans un travail ingrat, plus pauvres que le pauvre ouvrier qui meurt à l'hôpital? Je ne veux pas insister, dire les affreux dénuements que nous avons tous entrevus, car il y a une pudeur qui défend de trop montrer ses plaies. Mais, en vérité, lorsque j'entends ces beaux fils nous reprocher de veiller sur les gros sous de nos humbles et de nos souffrants, je me fâche, car c'est avec les gros sous qu'on empêche les vieux de mourir de faim et qu'on donne aux jeunes le courage de la lutte.

Ah! si ma voix pouvait être entendue, s'il y avait quelque part un homme très riche et aimant les lettres, je lui dirais que notre Société a une personnalité civile, depuis qu'elle est déclarée d'utilité publique, et qu'il peut tester en sa faveur, et qu'en faisant cela, en nous donnant les millions dont nous avons besoin pour assurer la vie de nos vieux pensionnaires, il réaliserait démocratiquement la conception aristocratique du Mécène d'autrefois.

Mais, si le Mécène ne vient pas — ce que je crains, hélas! — ne sommes-nous pas là, nous tous, qui travaillons, qui par l'association pourrions être si forts, le jour où nous aurions la Société des Gens de lettres qu'on peut rêver, le véritable syndicat de tous nos intérêts matériels et moraux, de toute notre fonction humaine et sociale?

LA SOCIÉTÉ DES GENS DE LETTRES

LA
SOCIÉTÉ DES GENS DE LETTRES

CE QU'ELLE DEVRAIT ÊTRE

Tout de suite, je veux poser ce que devrait être, selon moi, la Société des Gens de lettres. Comme je l'ai établi, elle n'est actuellement, en dehors des secours et des pensions qu'elle donne, qu'une association commerciale, qui se charge de toucher, pour ses membres, l'argent provenant de la reproduction de leurs œuvres. Et, si elle voulait être le syndicat complet de la profession, embrassant tous les intérêts, faisant face à tous les besoins, elle devrait donc veiller d'abord à la production des œuvres, avant de s'occuper de leur reproduction, et s'intéresser également ensuite à leur traduction.

Production, reproduction, traduction, tels sont les trois termes de l'évolution commerciale d'une œuvre littéraire. Par production, j'entends les rapports de l'écrivain avec le journal qui publie l'œuvre originale en feuilletons et avec l'éditeur qui la fait paraître en volume. La reproduction comprend la série d'opérations dont notre Société actuelle s'occupe avec tant de zèle et d'autorité. Et, quant à la traduction, elle est le vaste champ si peu connu, si mal défriché, de l'expansion de notre littérature, dans l'univers entier, par les langues étrangères.

Naturellement, je mets de côté la question de littérature, les écoles, le génie, le simple talent. Je traite ici la question purement matérielle de la profession. Mais qui ne comprend que cela soulève les questions morales les plus hautes, et qu'au fond il s'agit, avec le pain de chaque jour, de notre dignité dans le monde, de la place que nous y occupons et du rôle civilisateur que nous devons y jouer ?

*
* *

Si nous lisons les statuts de la Société, nous voyons en tête qu'elle a pour but : de défendre et faire valoir les intérêts moraux et de protéger les droits de tous ses membres ; de procurer aux gens de lettres les avantages qui doivent résulter de leurs travaux ; de prêter, dans les conditions prévues au règlement, aide et assistance à ses sociétaires par tous les moyens qui sont en son pouvoir et dans toutes les occasions où cela pourrait être utile, notamment en ce qui concerne la reproduction de leurs œuvres littéraires.

Eh bien ! tout ceci, s'il faut le dire, n'est que sur le papier. Il n'y a que l'aide et l'assistance promises dans les dernières lignes, pour la reproduction, qui se réalisent strictement. Le reste — les intérêts moraux, les droits de tous les membres, les avantages qui doivent résulter de leurs travaux — demeure à l'état de simple vœu, puisque, en réalité, la Société ne s'occupe absolument que d'encaisser l'argent de la reproduction, sans pouvoir exercer aucune action décisive dans la question de production et de traduction.

J'imagine qu'un de nos membres publie un roman dans un journal ou chez un éditeur, et qu'il y ait procès, à la suite d'une difficulté quelconque. Nous ne pouvons intervenir directement, nous accorderons l'assistance judiciaire à notre sociétaire, nous irons jusqu'à lui donner notre appui moral ; mais ce sera tout, son affaire échappe à notre compétence, nous n'avons pas à nous occuper du feuilleton original ni du livre. Alors, pourquoi les statuts parlent-ils de défendre et de faire valoir les intérêts moraux, de protéger les droits, de procurer les avantages qui doivent résulter des travaux, lorsque cela n'est vrai que sur la question de reproduction, lorsqu'il est interdit à la Société d'intervenir dans la question beaucoup plus vaste et plus grave de la production, sans compter celle de la traduction ?

Pendant mes quatre années de présidence, j'ai toujours vu le Comité les mains liées vis-à-vis des directeurs de journaux et des éditeurs. Tout le service qu'il peut rendre, c'est, lorsqu'un sociétaire se plaint qu'un directeur lui a perdu un manuscrit, d'écrire à ce directeur, qui souvent même ne répond pas. Ou bien le Comité intervient également par lettre pour qu'un directeur exécute un traité. Ou bien c'est encore une difficulté quelconque qu'il tâche de trancher à l'amiable. Mais, dans tout cela, il n'y a pas de droit exercé, il n'y a qu'une entremise officieuse, sans aucune sorte de sanction possible. Quant aux rapports entre la Société et les éditeurs, ils sont de même ordre. Je n'ai pas souvenance d'avoir eu des rapports avec eux pour aucune affaire intéressant la Société, si ce n'est pour des projets qui ont toujours échoué, devant leur attitude plutôt hostile.

Et ce qui prouve que notre Société ne répond pas à tous nos besoins, qu'elle laisse d'énormes lacunes, c'est que, continuellement, d'autres Sociétés tâchent de se créer. J'ai assisté à une de ces tentatives, la Société des Romanciers français, qui précisément a pour but de s'occuper de la production et de la traduction, en laissant la reproduction à la Société existante. On s'y est beaucoup occupé de trouver un moyen de contrôler les tirages des livres, cette grosse question qui divise depuis longtemps les auteurs et les éditeurs. On s'y est efforcé aussi de créer une agence de traductions, qui mettrait les auteurs en relation avec les éditeurs de tous les pays du monde. Ce sont là certainement de bien grosses affaires, et il faudra du temps avant que tous les rêves se réalisent. Mais, si même une Société comme celle des Romanciers français n'avance guère, attend l'avenir, le simple fait qu'elle a pu être créée prouve qu'elle nous manque et que la Société des Gens de lettres est tout au moins insuffisante.

Pour que les statuts disent la vérité, pour que les Gens de lettres trouvent dans la Société le syndicat qui protégera tous leurs intérêts matériels et moraux, qui leur procurera tous les avantages qui doivent résulter de leurs œuvres, il faut absolument qu'elle réglemente la production et la traduction, comme elle a réglementé la reproduction, qu'elle soit en un mot, ainsi que je l'ai dit, le syndicat de la profession totale.

* * *

Certes, le problème n'est pas commode, et je n'en connais pas de plus complexe ni de plus ardu. On n'attend pas que j'expose ici le plan de cette Société rêvée, c'est tout au plus si je me permettrai d'indiquer une idée qui m'a hanté parfois. Je ne parlerai d'abord que de nos rapports avec les éditeurs.

Si les éditeurs se montrent sans bienveillance à l'égard de la Société, c'est qu'ils sentent en elle la concurrente possible, la maison qui pourrait s'éditer elle-même un beau matin. Je crois bien que la Société a eu cette idée autrefois, et il est évident qu'elle semble devoir aller à cela, sous le régime collectiviste qu'on nous promet, le jour où elle sera le syndicat complet dont je parle. La mine aux mineurs, l'édition aux édités. Déjà plusieurs auteurs s'éditent eux-mêmes, et de toutes parts poussent des tentatives d'associations pour se passer des éditeurs. Quant à moi, je déclare que je suis contraire à ce mouvement, au moins aujourd'hui. Jusqu'ici, les tentatives collectives faites dans ce sens, ont misérablement échoué. Seuls, certains auteurs isolés ont gagné de grosses sommes à s'éditer eux-mêmes. Je suis donc convaincu que les maisons d'édition sont actuellement bonnes à conserver. Il y en a de très puissantes, des machines admirablement montées, des forces en somme, qu'il serait peu sage de ne pas employer encore, tant qu'elles fonctionneront utilement. Et les éditeurs devraient donc se rassurer, il n'est nullement question de les déposséder d'ici longtemps sans doute.

De même, il est certain que les grandes maisons d'édition, les solides, les honnêtes, tomberaient tout de suite d'accord avec notre Société, car elles ne pourraient vouloir avec nous que la dignité de leur profession, la probité et la justice au plein jour. Ce dont souffrent les débutants des lettres, les humbles qui restent à la merci du marchand, c'est des petites maisons louches, des éditeurs marrons, de ce pullulement des vendeurs de papier imprimé que guette la faillite. Et c'est pour la défense de ces humbles, de la nuée de plus en plus grande des pauvres travailleurs vivant de leur plume, qu'il s'agirait d'unifier les traités, d'établir des minima, de ne pas tolérer qu'on fît misérablement travailler au rabais certains des nôtres.

Voyez la Société des Auteurs et Compositeurs dramatiques. Je reviens toujours à elle, car elle me semble vraiment un modèle de bonne construction et de fonctionnement logique. Elle s'est imposée à tous les théâtres, pas d'un coup certes, mais avec une obstination légitime et sage, qui a fini par vaincre les obstacles. Aujourd'hui, elle est le rempart de tous les auteurs qui écrivent des pièces, elle est unique et souveraine, elle discute ses intérêts avec chaque théâtre, lui impose le tant pour cent raisonnable, le frappe d'interdit s'il ne cède pas à ses justes exigences. En somme, elle règle en tout et pour tout la question commerciale au mieux de ses intérêts, et cela sans qu'on entende la machine fonctionner.

Eh bien! pourquoi notre Société ne ferait-elle pas de même pour les éditeurs? Pourquoi n'établirait-elle pas des tarifs, un tant pour cent par exemplaire tiré, qu'elle imposerait à tous les éditeurs? Pourquoi n'aurait-elle pas un modèle de traité, avec un minimum de tant par exemplaire ? Pourquoi, dans ce traité, tous les cas de bons rapports ne seraient-ils pas prévus, toute la justice désirable faite, toutes les causes de conflits évitées ? Pourquoi ce traité, après avoir été naturellement discuté et arrêté entre la Société et les éditeurs, ne deviendrait-il pas la charte de nos droits, le pacte de notre alliance, qui mettrait tous nos intérêts en commun ? Et, enfin, pourquoi, après avoir ainsi traité avec les éditeurs, ne traiterions-nous pas avec les journaux, en fixant de même un prix minimum de la ligne et en réglant la question des droits et des devoirs réciproques ?

Un rêve! dira-t-on. En tout cas, il n'est point irréalisable. Soyons le nombre et nous serons la force. Puis, quand nous serons la force, tâchons d'être la justice. Ce qu'ont fait les Auteurs et Compositeurs dramatiques, les Gens de lettres peuvent le faire; et, s'il y a des différences entre la pièce jouée et le livre tiré à un certain nombre d'exemplaires, des similitudes pourtant s'établissent, le projet d'un modèle de traité arrêté avec toutes les maisons d'édition solides et honnêtes n'en reste pas moins très praticable et très profitable, quitte à mettre en interdit les maisons assez peu sages pour ne pas vouloir être justes.

Nous autres, les vieux, nous avons presque tous, dans nos éditeurs, de très anciens et très fidèles amis. Il est donc croyable que nous n'agirons guère. Mais c'est aux jeunes que je confie le projet, aux jeunes qui ont à se défendre et à défendre ceux dont le flot, sans cesse, monte derrière eux.

*
* *

Et je ne m'illusionne en aucune façon, je sais toutes les difficultés, tous les dangers même. C'est ainsi que, si l'on tentait brutalement de transformer notre Société, il y aurait là pour elle un véritable péril. Il faut songer qu'elle a mis cinquante-huit ans à être ce qu'elle est, que le bon fonctionnement d'aujourd'hui a été acquis au prix des plus persévérants efforts, et que ce serait une sottise que de la tuer pour l'élargir. On n'apportera donc jamais trop de prudence, trop d'étude, avant de risquer la moindre modification, même heureuse.

Puis, on vient de refondre ses statuts, on ne peut légalement y toucher avant deux ans, je crois. Il faut se souvenir aussi qu'elle a été déclarée d'utilité publique, qu'elle dépend désormais du Conseil d'État, avec lequel il faudrait compter, si on la transformait dans son essence. Tout cela aggrave le problème, et je serais désespéré si j'allumais dans de certaines jeunes têtes des espérances trop vives, qui ne se réaliseront certainement pas avant longtemps. Mais cela ne saurait pourtant m'empêcher de parler, si je crois avoir quelque chose d'utile à dire, et je répète que fatalement notre Société se transformera, si elle ne veut pas qu'une Société rivale se fonde un jour, si elle a l'ambition de devenir l'unique et complète Société que nous attendons, en nos temps où l'association est en train de transformer le monde. Le programme est net, s'il n'est déjà étudié dans les détails : traiter avec les journaux et les éditeurs, réglementer commercialement, surveiller et contrôler la production, comme elle surveille et contrôle la reproduction, et créer une agence universelle de traductions. A ce prix seul, elle sera la véritable Société des Gens de lettres.

Et elle qu'on accuse aujourd'hui de manquer de prestige, de ne s'occuper que des gros sous, ah ! vous la verriez bien vite remonter dans l'estime du monde ! Vous verriez les producteurs, et non pas seulement les reproducteurs, devenir les membres du Comité. Vous verriez à sa tête, comme à celle des Auteurs et Compositeurs dramatiques, les grands noms de la littérature, du moment que leurs intérêts professionnels se trouveraient directement engagés ; et ils arriveraient à en prendre la direction, d'instinct, par ce phénomène qui met le pouvoir entre les mains de ceux qui ont le plus de profit à l'exercer. Tout en laissant à l'Académie son rôle littéraire, elle deviendrait, à côté d'elle, la grande puissance de la profession des lettres, elle aurait la force sociale de la plus intelligente des associations, du groupe des travailleurs intellectuels, maîtres des foules, s'ils voulaient bien s'entendre.

Et je m'imagine aussi que les gros sous tomberaient en pluie, qu'on n'aurait plus à attendre un Mécène ni à se creuser la tête pour obtenir d'une opération quelconque les millions nécessaires. Les recettes décupleraient, dès qu'on aurait frappé le livre du léger impôt qu'il s'agirait de trouver. Les pensions seraient portées à douze cents francs, et le Comité, chaque lundi, pourrait donner à nos vaincus et à nos veuves, sans toujours trembler de vider trop vite sa caisse de secours. Les pauvres ont leur part, la misère est battue, quand la maison est solide et prospère.

* * *

Enfin, pourquoi ne pas élargir ce rêve et dire comment, un jour, l'élite intellectuelle pourrait devenir le lien et la paix des peuples?

Lorsque je suis allé à Londres assister à un Congrès de journalistes, j'ai été frappé de la puissance que pourrait prendre la presse universelle, si les associations de journalistes du monde entier s'entendaient, se réunissaient chaque année en une sorte d'assemblée fédérale, où toutes les nations seraient représentées, et discutaient là les intérêts communs, de façon à mettre leur force incalculable au service de la justice et de la fraternité.

Mais peut-être la presse est-elle trop ravagée par les passions politiques, trop engagée dans les furieuses luttes quotidiennes. Tandis que les Lettres, la Littérature planent très haut, souveraines. Et c'est donc là mon nouveau rêve: des Sociétés des Gens de lettres chez tous les peuples, des assemblées fédérales annuelles où toutes seraient représentées, des congrès pour faire entendre au monde le vœu de l'élite, l'évangile des intelligents et des sages.

En nos temps où l'on parle d'abolir les frontières littéraires, où il est question d'une communion universelle sous les espèces du génie, ne serait-ce pas là l'exemple de fraternité parti de haut, l'arbitrage des intelligences réglant enfin la question du plus de vérité et du plus de bonheur possible sur la terre ?

LA VOYANTE

LA VOYANTE

A Lourdes, le miracle naît dans un admirable décor. Avant qu'on eût gâté la Grotte, en l'ornant et en l'aménageant pour recevoir les foules, c'était un coin de rêveuse sauvagerie, le creux solitaire au flanc du rocher, parmi les lierres et les ronces, le Gave limpide et frais baignant les cailloux de la rive, le cirque immense des montagnes fermant l'horizon de leurs pics neigeux, dans une évocation de songe infini.

Puis, quelle douce figure de légende, cette Bernadette, la bergère ignorante qui ne sait pas lire, qui conduit son troupeau par les landes désertes, en récitant son chapelet ! Elle n'a que quatorze ans, elle est dans une telle candeur, un tel état d'innocente nature, que la Vierge est obligée de lui parler en patois, pour se faire entendre d'elle. Et quelle jolie histoire toute parfumée de simplicité, quel beau conte pour les bonnes âmes, les trois petites filles qui vont ramasser du bois mort, et l'une d'elles qui se déchausse afin de traverser le torrent, et le mystérieux coup de vent qui, soufflant alors sans faire remuer les feuilles, la force à s'agenouiller sur le sable, et la belle dame, rayonnante de lumière, dont la souriante figure lui apparaît, pour la consolation et le soulagement des humbles !

Devant le charme et l'évidente bonne foi de cette enfant souffrante, comme on comprend que tout le peuple des déshérités soit accouru ! Et, plus tard, lorsque la persécution s'en mêla, comme on comprend l'inextinguible croyance qui poussa de cette terre, en y faisant fleurir le miracle, dans l'exaltation d'une religion nouvelle !

* *
*

Mais, cette fois, nous sommes à Paris, rue de Paradis-Poissonnière, une rue de tumultueux commerce, que les camions des marchands de porcelaine encombrent du matin au soir. Un aimable confrère me mène voir mademoiselle Couédon, à laquelle il a demandé un rendez-vous pour moi, sans lui dire qui j'étais. C'est le lundi de Pâques, à onze heures. La rue est déserte, la maison paraît vide, la banale maison du quartier, habitée par une population dense de bourgeois et de commerçants. Pas une âme dans l'escalier. Et nous sonnons, et c'est madame Couédon, la mère, qui vient nous ouvrir : une dame avenante et distinguée. Elle nous introduit dans le salon, le salon classique de notre petite bourgeoisie, le piano, les sièges recouverts de housses, les gravures symétriques pendues au mur, une azalée blanche qui achève de se faner devant la cheminée. Mais la mère se retire, et voici le père, M. Couédon, un avocat, m'a-t-on dit, qui gagne aujourd'hui une quinzaine de mille francs à gérer des immeubles, un homme trapu, petit, rond, le teint coloré, qui paraît être un brave homme, franc et simple. Il rit, parle haut, donne des détails sur un procès qu'il a dû intenter à un journal. Puis, s'interrompant :

— Ah ! voici ma fille.

Mademoiselle Couédon entre. Elle aussi est petite, très brune, l'air gai. Elle n'est point jolie, elle est agréable, une brune piquante, comme on aurait dit autrefois, avec de beaux yeux et une dentition qui m'a frappé, des dents fortes, proéminentes, dignes d'une étude attentive, je crois. Et la voilà qui répond à mes questions, avec une aisance, une bonne volonté charmantes.

— J'ai vingt-cinq ans... Non, non, je ne suis pas fatiguée. Ainsi, je me suis couchée, hier soir, à onze heures, et je viens de me réveiller à sept... Autrefois, oui, j'ai eu des rêves. Mais, à présent, je ne rêve plus du tout... Je mange bien, je me porte bien, jamais je n'ai été si à l'aise et si heureuse.

Et c'est merveille, en effet, comme elle a l'air tranquille et content d'elle-même. Décidément, cette maison respire la joie, une maison où l'on vient d'hériter, où un grand bonheur s'est produit. Ils rient tous, ils sont tous luisants et bien portants. Et ce qui me frappe aussi, c'est l'absence de mise en scène, la parfaite naïveté de l'accueil, l'ingénuité du décor. Voici des mois que l'ange Gabriel vient visiter cette jeune fille, voici des semaines que la foule se rue dans cet appartement, et le petit salon bourgeois est sûrement resté ce qu'il était. On ne sent pas la pythonisse, les choses se passent à la bonne franquette, sans malice aucune, avec une sorte d'enfantine conviction. Évidemment, les parents, en admiration devant leur fille, sont convaincus de la venue de l'ange, et ils n'en paraissent pas étonnés le moins du monde. Aucun foudroiement, aucun orgueil, qu'un ange se dérange, pour venir là, parler par cette bouche de vierge. C'est ainsi, et il semble tout naturel que cela soit ainsi.

Ce qui me tracasse un peu, c'est de n'être plus en face d'une bergère, d'une fillette de quatorze ans, mais d'une grande fille de vingt-cinq ans, qui a sûrement une histoire, que j'ignore. On dit simplement qu'elle et sa mère sont très pieuses ; ce n'est là qu'une indication. Je voudrais savoir quel cours de piano elle a suivi, où elle a appris l'orthographe, quelles amies elle a fréquentées, quels livres et quels journaux elle lisait, si elle allait au théâtre et aux Expositions de peinture. Puisqu'il ne s'agit plus d'une simple fleurette de montagne, je voudrais bien connaître dans quel terreau a poussé cette singulière fleur de notre grande ville.

Mais je ne puis naturellement me permettre de poser certaines questions, et les choses ne sont pas encore assez graves, pour qu'on se lance dans une enquête sérieuse. Je me contente donc de constater la joie vive et la belle sérénité de la famille, ravie d'avoir été élue pour rendre un grand service à la France, sans compter qu'elle ne paraît pas fâchée du bruit qui se fait autour d'elle. Et je me donne comme un savant qui s'intéresse à ces sortes de manifestations, et qui ne demandera pas mieux que de croire, le jour où les phénomènes l'auront convaincu.

* * *

Le père s'en va dans une pièce voisine, en emmenant l'aimable confrère qui m'accompagne, et me voici seul avec mademoiselle Couédon.

— Approchez-vous, mettez-vous devant moi.

Je m'assois sur une chaise, à contre-jour. C'est elle qui reste dans la pleine lumière de la fenêtre. Et elle s'endort, de la façon la plus simple et la plus prompte, en se passant la main sur les yeux. J'admets l'autosuggestion, mais pas pratiquée avec cette aisance. Tout de suite, ma conviction absolue est qu'elle ne dort pas.

La physionomie ne change pas, le visage devient seulement un peu plus grave. Les yeux sont à demi clos, de façon à laisser voir une ligne blanche de la cornée. De même, le corps garde la position droite qu'il avait; j'entends qu'il ne se laisse pas aller, qu'il ne s'appuie pas au dossier du fauteuil. Les deux mains ne quittent les genoux que pour esquisser de rares gestes. Et rien autre, ni abandon, ni raideur, ni frémissement, ni extase. L'attitude d'une personne qui ne dort pas, qui a simplement fermé les yeux pour se recueillir, et qui parle ainsi, d'une voix continue, légèrement chantante, sa voix ordinaire de tout à l'heure, qu'elle assombrit un peu comme si elle récitait, sur un ton adopté et gardé, sans ralentissement ni éclat.

Elle m'avait dit :

— L'ange va d'abord vous parler de vous, et puis, s'il le permet, vous pourrez le questionner.

Tout de suite, dès qu'elle a eu fermé les yeux, l'ange m'a donc parlé de moi. Ah! le pauvre ange, il ne me connaît guère! J'avoue que j'ai été un peu vexé, car je m'imaginais que l'ange Gabriel aurait des choses intéressantes à me dire. Et, en vérité, la dernière des tireuses de cartes aurait eu plus de flair, se serait méfiée davantage de la personnalité que je pouvais être. Pas une des paroles qu'il m'a dites ne s'appliquait plus spécialement au vague savant dont j'avais pris le titre qu'à un autre savant quelconque. Même, faisant fausse route, il est parti sur ce que j'avais dit de ma foi aux faits, pour me croire un catholique pratiquant et pour me recommander de moins négliger mes devoirs religieux. L'ignorance totale, l'erreur complète, la psychologie la plus rudimentaire, pas même l'heureuse rencontre d'une de ces phrases ambiguës, où le doute puisse s'accrocher. C'est enfantin et c'est touchant.

— Maintenant, m'a-t-elle dit, vous pouvez questionner l'ange, il vous répondra.

Je lui ai demandé quelle serait la situation littéraire de la France, au prochain siècle. Superbe, un grand siècle littéraire. Je lui ai demandé quels seraient les écrivains d'aujourd'hui qui vivraient alors dans l'admiration des hommes. Il m'a répondu qu'il savait leurs noms, mais qu'il ne voulait pas me les dire. Je lui ai demandé quel était l'avenir de deux jeunes romanciers que j'aime. Il connaissait évidemment l'un, ce qu'il m'a prouvé en faisant allusion à un fait de notoriété publique, lui prédisant le triomphe, tandis qu'il est resté très vague sur l'autre, qu'il ne m'a pas paru connaître suffisamment. En somme, comme les humbles mortels, il ne dit bien que ce qu'il sait bien.

Et quelle langue typique! Comme on comprend qu'une cervelle de culture moyenne puisse prêter un tel langage à un ange! La simple prose est impossible, trop vulgaire, trop limpide aussi. Les vers sont d'une improvisation difficile, aisément ridicules. Tandis que cette prose rythmée, ces courtes phrases toutes terminées par le même son, s'improvisent assez facilement, avec un peu d'habitude, tout en gardant une singularité suffisante. C'est de la bonne langue classique d'oracles.

Et c'était fini. Mademoiselle Couédon a simplement rouvert les yeux. Puis, elle s'est remise à sourire, de son air tranquille et enjoué. Aucun engourdissement au réveil, aucune surprise, aucun trouble, pas même un battement de paupières. Une personne qui a fermé les yeux et qui les rouvre, tout ingénument, sans nulle malice.

Pour moi, je l'ai dit, elle ne dort pas. J'admets bien une irrégulière de l'hystérie à qui manquent certains symptômes de la crise. Mais, vraiment, tous les symptômes manquent par trop à celle-ci. L'autosuggestion elle-même ne fonctionne pas avec cette aisance, on ne s'endort pas et on ne se réveille pas de la sorte, trois ou quatre fois dans une heure, au moindre caprice, pour un oui, pour un non, comme une machine bien montée; et cela, sans aucun des phénomènes habituels, avec, seulement, un sourire aux lèvres, comme une danseuse, ravie d'avoir dansé son pas.

Alors, on serait donc en face d'une simulatrice ? C'est un bien vilain mot. Elle a l'air très honnête, cette demoiselle. Ses parents m'ont aussi paru de braves gens crédules. Je veux croire qu'elle a eu des crises véritables, qu'elle a entendu une voix ; et, maintenant, elle continuerait à l'état de veille, après avoir fini par se convaincre de sa mission. Elle serait la propre dupe de son rêve. Sa grande dévotion ferait le reste. Il faut tenir compte aussi de ce qui doit se passer dans cette cervelle, depuis l'énorme bruit qui se fait. N'a-t-elle pas dit qu'elle allait occuper une situation morale très haute ? Ce souhait de grandeur peut tout expliquer, en dehors de l'intérêt pécuniaire qui n'apparaît pas, et des autres causes, manœuvres religieuses, manœuvres politiques, qui me semblent devoir être écartées.

Le père, l'air souriant, est revenu de la pièce voisine, avec l'aimable confrère qui m'avait amené. Et nous avons pris congé, en échangeant des poignées de main et de bonnes paroles amicales. La maison était en joie, nous avons laissé là des gens très heureux de vivre, voyant certainement la vie sans fièvre ni complication, dans un tranquille espoir, par ce beau lundi de Pâques.

*　*

Certes, cela serait d'un enfantillage très innocent, et une aventure d'une telle banalité ne mériterait pas de fixer l'attention pendant une heure, si brusquement la crédulité n'avait agi, déterminant dans la pauvre humanité souffrante l'extraordinaire crise de foi à laquelle nous assistons. Et le cas de cette demoiselle, si puéril en lui-même, prend tout d'un coup une ampleur terrifiante par le retentissement qu'il a au fond des âmes. Une pierre est tombée dans la mare, toute la vie ignorée du fond est troublée, remonte à la surface, se montre avec son pullulement monstrueux.

Eh quoi? pas même une Grotte au flanc d'un rocher! pas même une bergère agenouillée au bord d'un torrent! pas même la solitude neigeuse des montagnes, se dressant dans le ciel clair! Ce petit salon avec ses sièges couverts de housses, ce décor bourgeois encombré de l'inévitable piano a donc suffi, n'a donc pas tué la chimère sous le ridicule? Et une demoiselle déjà mûre, une demoiselle quelconque de notre bourgeoisie, ni laide, ni belle, n'a eu qu'à fermer les yeux et à dire les premières pauvres choses venues, sans arrangement d'aucune sorte, avec une candeur maladroite qui finit par être attendrissante! Et c'est assez, et la foule se rue, et la presse ne parle pas d'autre chose depuis un mois, et le monde entier menace d'en être bouleversé!

Il faut entendre mademoiselle Couédon parler avec son rire tranquille du flot qui assiège sa porte. Chaque matin, elle a un courrier débordant comme un ministre. Les lettres et les télégrammes pleuvent chez elle, non seulement de Paris et de la province, mais encore de l'étranger. Puis, c'est l'appartement envahi, tous les mondes se coudoyant. Les soutanes se mêlent aux robes élégantes. Et ce ne sont pas que les simples, les crédules, qui viennent là comme ils iraient chez une tireuse de cartes, pour connaître l'avenir. Toutes les souffrances, toutes les passions se trouvent remuées, dans leur fond de vase : les malades qui espèrent être guéris, les cupides qui rêvent d'un héritage, les jaloux qui ont le besoin d'être convaincus de leur infortune. Des femmes se traînent aux pieds de l'ange, le supplient de leur révéler un nom, de leur dire ce qui se passe, à la minute même, dans une maison qu'elles lui désignent. Et ce sont encore les intellectuels, ceux qui ne croient pas, mais dont la science s'inquiète et frissonne devant l'inconnu. Et ce sont enfin tous les rêves d'ambition, le prêtre qui souhaite le triomphe de son Dieu, l'homme politique qui attend des événements le pouvoir, le prétendant qui voit dans ses songes flamboyer la couronne!

Quel spectacle se donne cette demoiselle, et, si elle avait prévu cela, quel piège elle aurait tendu à la misère et à la sottise humaines! Voyez-vous à sa place un psychologue de quelque pénétration, vous imaginez-vous la moisson qu'il ferait de documents précieux? C'est l'humanité mise à nu sous le fouet de ses désirs et de ses douleurs, c'est le galop de tout ce qu'on n'avoue pas, l'étalage de toutes les plaies secrètes, au plein jour, dans la folie de l'inconnu. Et c'est plus encore, c'est l'homme voulant forcer l'invisible, c'est la véritable lutte contre l'ange, l'espoir d'arracher le secret, de vaincre Dieu!

Je ne sais pas de spectacle plus inquiétant, ni plus douloureux. Dans le cas actuel, il est réellement effroyable, car il n'y a pas de sécurité pour la raison, si vraiment un tel enfantillage, dans de telles conditions saugrenues, peut la troubler à ce point. Ce qui m'épouvante, c'est le cas lui-même, cet ange qui mériterait à peine un sourire et qui ravage ainsi les cervelles. On est pris d'une angoisse, on doute qu'un équilibre se fasse jamais, en voyant la raison humaine rester de la sorte à la merci des coups de vent qui soufflent de l'Au-delà.

* * *

Ah! cette soif de l'Au-delà, ce besoin du divin! C'est lui dont nous frissonnons, dans l'incertitude de nos sciences, dont nous balbutions à peine les premières vérités. On a discouru de la banqueroute de la science, et c'est des retours offensifs de la chimère qu'il faudrait parler ; car la science va droit son chemin, sans jamais rien abandonner de ses conquêtes; tandis que la chimère est toujours là qui la harcèle, en s'efforçant de reconquérir le terrain qu'elle perd.

Mais peut-on fermer le mensonge aux âmes que la réalité écrase, toutes saignantes de leurs maux? Le cœur tremble et hésite, la pitié finit par faire taire la raison. Que Lourdes ouvre donc sa Grotte toute grande aux misérables malades, qui vont y chercher la santé, qui en reviennent consolés au moins! Et que mademoiselle Couédon elle-même ouvre toute grande sa porte à ce flot de créatures anxieuses, qu'elle renvoie rassasiées pour une heure, confiantes dans l'avenir ! D'autres voyantes viendront, et toutes réussiront, et toutes passionneront l'humanité, dans sa faim et sa peur du mystère.

Allez, allez, pauvres âmes, mangez et buvez le mensonge, vivez de l'espoir trompeur, en attendant que la science soit assez forte, un jour peut-être, pour vous nourrir du pain de la vérité !

LA PROPRIÉTÉ LITTÉRAIRE

LA PROPRIÉTÉ LITTÉRAIRE

Il a fallu des siècles pour que l'œuvre littéraire et artistique devînt une propriété réelle, une valeur marchande qu'on ne pût voler à son voisin, sans se mettre sous le coup des lois. Et, encore aujourd'hui, cette propriété n'est-elle admise qu'avec des restrictions, puisque cinquante ans après la mort de l'auteur l'œuvre tombe dans le domaine public, de sorte que les héritiers directs, s'il en existe, se trouvent dépouillés.

Je bâtis des maisons, je fabrique des meubles, je cisèle des bijoux, je crée là des propriétés qui m'appartiendront et qui appartiendront à mes descendants, sans que jamais personne puisse s'en emparer, sous peine d'être un voleur. Mais j'écris un roman ou une pièce de théâtre, je compose une partition, et ce n'est là qu'une propriété à temps, dont je jouirai bien jusqu'à ma mort, mais dont les miens seront un jour dépossédés légalement. Cependant, je n'ai pas donné que mon travail manuel, j'ai donné mon cerveau, j'ai donné mon cœur, j'ai donné ma vie. Et c'est pour cela qu'on nous fait le grand honneur de nous exproprier, en invoquant l'utilité publique, la cause de l'humanité tout entière.

La théorie est que l'homme de génie, l'homme de simple talent n'appartient pas seulement à sa famille, mais qu'il tient à l'universalité des hommes. D'abord, son génie, son talent, n'est qu'une résultante de l'instruction, de la civilisation d'une époque, de sorte qu'on peut le considérer comme le représentant élu, la voix qui résume les idées et les sentiments de la communauté, épars dans l'air. Ensuite, l'héritage qu'il laisse dépasse sa petite famille pour intéresser la grande, les générations des siècles futurs, tout un lot de pensées, d'images, de vérités et de beautés, qui sont devenues une propriété indivise et humaine. Et il y aurait alors à craindre que l'héritage ne périclitât entre les mains des simples héritiers directs, qu'on peut supposer passionnés au point de supprimer les œuvres, si elles les blessent, ou bien inintelligents au point d'entraver leur libre circulation par des procédés de vente maladroits.

En somme, telle est l'unique raison, la raison noble, la raison invincible qui fait que la propriété d'une œuvre de littérature ou d'une œuvre d'art ne sera jamais une propriété comme un champ, un château, une épée ou une bêche. La matérialité, le livre imprimé, la partition gravée, en disparaît, et il ne reste que l'idée qui flamboie, la fiction qui ravit, la mélodie qui chante. C'est la fleur sauvage poussée au bord du chemin, l'oiseau libre entendu dans le buisson, que tous les passants se croient en droit de prendre et d'emporter. Est-ce qu'on est un voleur pour ramasser, sous le ciel clair des pensées, des images et des sons, qu'un autre avait pris lui-même à la communauté? Ce n'est qu'un échange, au gré du vent et de la rencontre. Les grands écrivains, les grands artistes seraient indignes d'avoir été élus glorieusement, s'ils ne consentaient à luire pour tout le monde, comme le soleil.

Dès lors, on comprend que, s'il est difficile de réglementer la propriété littéraire dans une nation, le problème se complique terriblement, lorsqu'il s'agit de la réglementer entre les nations diverses. Il n'y a pas de douanes pour arrêter, par-dessus les frontières, les semences que les souffles du ciel portent d'un peuple à un autre. Veut-on tarifer le progrès, taxer les grands courants civilisateurs qui vivifient le monde? Et il faut parler du légitime salaire, alléguer les raisons d'intérêts réciproques, de dignité et de justice, pour se faire entendre des peuples voisins, qui, très naïvement, je veux le croire, s'entêtent à pratiquer encore le système commode de prendre leur bien où ils le trouvent.

* * *

En ce moment, une Conférence internationale pour la protection des œuvres littéraires et artistiques se trouve réunie à Paris. Elle paraît avoir surtout la mission de reviser la convention de Berne, conclue il y a dix ans déjà, et qui a été féconde en excellents résultats pour les États signataires. Il s'agit donc de profiter des expériences faites pendant ces dix années, de façon à remédier aux erreurs, aux lacunes qu'on a constatées dans le texte de la convention, et à la rendre désormais aussi parfaite que possible.

C'est là un travail très compliqué, très délicat, que mèneront sûrement à bien les membres que le gouvernement a choisis, d'anciens ministres, des diplomates, des avocats, des jurisconsultes. On s'est violemment étonné que ni un écrivain, ni un artiste, ni un journaliste, n'en fasse partie. Et, à cela, il n'a été fait qu'une bonne réponse : c'est que les nations signataires n'ont délégué elles-mêmes que des jurisconsultes, des avocats et des diplomates, de sorte qu'on aurait eu l'air de leur donner une leçon, en ne faisant pas des choix identiques aux leurs. Pourtant, on espère encore que la Conférence éprouvera le besoin d'avoir quelques renseignements exacts et qu'elle voudra bien convoquer les seules personnes qui sont en état de les lui donner, c'est-à-dire les écrivains et les artistes intéressés, que la nécessité de défendre leurs œuvres met en continuel rapport avec les éditeurs, les journaux et les théâtres des pays étrangers. Ceux-là seuls ont vraiment des choses importantes à dire.

Moi, ce qui m'inquiète, dans les choix faits par le gouvernement, c'est le caractère purement administratif et diplomatique qu'ils vont donner à la Conférence. Reviser la convention de Berne, certes, cela est bon ; et je répète que les personnages choisis sont tout à fait compétents sur les questions de droit international, sur les usages et les procédés, sur ce qui a été fait et sur ce qu'on peut faire, de bureaux à bureaux, de chancellerie à chancellerie. Mais il faudrait surtout élargir la convention de Berne, amener à elle les grandes nations qui se tiennent systématiquement à l'écart, exprimer à ce sujet les vœux de tous les écrivains, de tous les artistes français, les exprimer d'une façon si nette, si haute et si franche, que le monde civilisé tout entier sache à quoi s'en tenir. Et cela, c'est ce que la Conférence, telle qu'elle est composée, ne fera certainement pas, comme dépassant son rôle, surtout comme n'étant pas dans l'esprit de pure bureaucratie qui a présidé à sa composition.

Ainsi, je vois que quelques nouveaux États ont envoyé des délégués pour suivre les travaux, ce qui indique, chez eux, le désir d'adhérer à la convention. Les grands États signataires sont, si je ne me trompe, l'Allemagne, l'Angleterre, l'Italie, l'Espagne. Et, sans doute, il est excellent que de petits États comme la Bohême, le Portugal, la Norvège, le Brésil, et d'autres, fassent leur adhésion. Mais, nous, dont on discute les intérêts, nous serions ravis, si nous apprenions que les États-Unis et la Russie ont envoyé des délégués, en témoignant le désir d'entrer dans cette ligue d'honnêteté internationale. Par petits États et par grands États, j'entends simplement ceux où nous faisons très peu d'affaires et ceux où nous en faisons beaucoup. Et c'est pourquoi, si le principe gagne à l'adhésion des petits États, cette adhésion nous laisse au fond assez froids, car nos débouchés y sont presque nuls; tandis que, le jour où nous serions protégés aux États-Unis, comme nous le sommes en Allemagne, par exemple, nous serions enchantés des importants traités que nous pourrions enfin y conclure.

Aux États-Unis, il y a bien une loi votée par le Sénat, une sorte de convention qui protège les œuvres étrangères, mais dans des conditions si compliquées, sous l'exigence de formalités si vexatoires, que la pratique en est rendue presque impossible. Et, quant à la Russie, la situation est plus simple, elle a repoussé toute convention jusqu'à ce jour, elle se tient obstinément à l'écart des nations civilisées, sur cette question de la propriété littéraire. Ce serait vraiment, pour la Conférence, ouverte en ce moment à Paris, une belle et bonne besogne que de l'amener au sentiment de dignité et de justice, à cette convention littéraire qui est comme un premier lien de fraternité entre les peuples.

***

Eh quoi! l'ennemie, l'Allemagne, s'entend avec nous, reconnaît les droits de nos écrivains et de nos artistes, et c'est l'amie, la Russie, qui se refuse à tous rapports de loyauté, qui pille nos œuvres! Il faut avoir le courage de le dire, il y a là une grande surprise et une grande tristesse.

Depuis des années, les plus grands efforts ont été faits de notre part pour amener une entente. Si je voulais raconter toutes les démarches, toutes les négociations tentées, il me faudrait plusieurs colonnes de ce journal. Un instant, il y a bien eu une convention ; mais l'essai en a paru si désastreux à la Russie, au point de vue de ses intérêts, qu'elle n'a jamais voulu le renouveler. M. de Kératry est d'abord allé en mission à Saint-Pétersbourg, accrédité par le Cercle de la librairie et par nos Sociétés littéraires, ne ménageant ni son zèle ni sa grande expérience. Puis, moi-même, lorsque j'étais président de la Société des Gens de lettres, j'ai écrit à la presse russe une lettre ouverte qui a paru dans le *Temps*, m'imaginant que les directeurs de journaux, s'ils faisaient campagne en faveur d'une convention, finiraient par créer une agitation favorable. Puis, M. Halpérine-Kaminsky, le traducteur de Tolstoï, s'est dévoué à la question avec une grande énergie, a fait le voyage plusieurs fois, s'entremettant entre les intéressés des deux nations, obtenant des succès partiels, dont il faut tenir compte. Puis, notre confrère, M. Hector Malot, de passage à Saint-Pétersbourg, dernièrement, a obtenu de M. de Montebello, notre ambassadeur, la promesse de ne pas perdre la question de vue. Et, malgré tout, la question traîne, n'avance guère, semble devoir n'aboutir jamais.

La vérité est un peu brutale, mais je crois bien que la Russie ne veut pas d'une convention, parce qu'elle est convaincue qu'elle y perdrait de l'argent. Et le calcul est tout simple, il entre dix fois plus en Russie de livres français traduits, qu'il n'entre en France de livres russes traduits; de sorte que, si les auteurs russes touchaient mille francs, les auteurs français en toucheraient dix mille. Au fond, là est l'unique obstacle, sous les arguments évasifs, les raisonnements, les arguties de procédure. Lorsqu'il est si facile de prendre, pourquoi payer, s'il est désastreux de le faire? Pourtant, je me hâte d'ajouter, à l'honneur de la Russie, que tous les

Russes à qui j'ai tâché de faire comprendre combien la justice et leur propre dignité devraient les décider à une solution prompte, m'ont paru n'avoir aucune idée nette de la propriété littéraire. Prendre les objets manufacturés qui leur arrivent de France, ah non ! ce serait le plus abominable des vols ! Mais traduire un livre, le publier en russe à ses risques et périls, est-ce que c'est prendre autre chose que le chant de l'oiseau libre, dont on emporte la musique dans l'oreille, que le parfum de la fleur sauvage, dont l'air qui passe vous a fait le cadeau ? Les semences de l'esprit sont à l'universelle humanité, et, par-dessus les frontières, elles poussent où le vent les apporte.

Dans ma lettre, que le *Temps* a publiée, je raisonnais, je m'efforçais de donner des arguments. Il est certain, par exemple, que l'importation de la littérature russe en France a beaucoup augmenté depuis quinze ans. Puis, s'il reste vrai que l'exportation française en Russie l'emporte toujours, comment la Russie ne comprend-elle pas l'inconvénient grave qu'il y a pour elle à laisser encombrer ainsi son marché littéraire par des traductions de livres étrangers ? Du moment qu'il n'y a ni autorisation à demander, ni droit à payer, tout journal, tout éditeur est libre, lance sa traduction à lui. Et je citais une œuvre de moi, car on ne connaît bien que ses propres affaires; je rappelais que quatorze éditions de ma *Débâcle*, publiées par des journaux différents, avaient paru concurremment en Russie. Chaque matin, dès que le feuilleton était mis en vente à Paris, des traducteurs le traduisaient en hâte, l'expédiaient par le courrier du soir. Et de là toutes sortes de résultats fâcheux : d'abord, des traductions bâclées, atroces, indignes d'une nation littéraire; ensuite, une telle dispersion de l'intérêt, qu'aucun journal ne bénéficiait réellement de la primeur; enfin, une sorte d'accaparement très préjudiciable aux œuvres nationales.

Un éditeur russe, au moment des fêtes que Paris donnait à l'escadre russe, m'avait dit qu'il n'osait plus rien publier à Saint-Pétersbourg, devant l'envahissement des vitrines des libraires par les traductions de romans étrangers. Et le choix n'est pas toujours très heureux, on finit par traduire les œuvres les plus médiocres. Comme il n'y a pas de droits d'auteur à payer, l'éditeur espère quand même faire ses frais. Il en résulte un avilissement des prix qui frappe directement les auteurs nationaux; car ce sont eux qui souffrent le plus de l'état des choses. Ils ne peuvent lutter contre l'énorme production française, allemande et anglaise. Si, demain, une convention internationale diminuait cette importation déréglée, ou mieux la réglementait, en ne laissant passer que les œuvres remarquables, soigneusement traduites, la Russie verrait sûrement ses auteurs produire des livres d'une moyenne plus haute et qui se vendraient davantage. On m'a affirmé, par exemple, qu'un musicien russe avait toutes les peines du monde à trouver un éditeur à Saint-Pétersbourg, les œuvres de nos musiciens érançais, et en particulier de Gounod, pouvant s'y vendre à si bas prix que toute concurrence devenait impossible.

Il arrive souvent que la simple honnêteté, qui consiste à payer ce que l'on prend, est en même temps une bonne affaire, la façon unique de mettre de l'ordre et de la prospérité chez soi.

*
* *

Voilà ce que la Conférence internationale, réunie en ce moment à Paris, devrait faire entendre à la Russie ; et voilà, je le crains bien, ce dont elle ne soufflera pas un mot, car son caractère administratif et diplomatique lui interdit les vœux trop nets et trop vifs.

Je répète que nous suivrons ses travaux avec le plus grand intérêt, certains qu'elle va mettre tout son zèle à reviser le mieux du monde la convention de Berne. Mais, si elle se borne à l'améliorer, si elle ne détermine que l'adhésion de certains petits États, sans pouvoir obtenir celle de la Russie et des États-Unis, les résultats, en somme, seront minces. Nous n'aurons victoire gagnée que lorsque nous serons protégés aux États-Unis et en Russie, comme nous le sommes en Allemagne, en Angleterre, en Italie et en Espagne.

Et, personnellement, je veux bien qu'on ne nous protège pas du tout. Mais, alors, je demande qu'à l'actuelle société capitaliste on fasse succéder la société collectiviste de Guesde ou la société anarchiste de Jean Grave. Pendant ma présidence à la Société des Gens de lettres, nous avons eu, avec ce dernier, une grosse affaire. Il avait reproduit dans son journal, *la Révolte*, des articles de nos sociétaires, sans être abonné, et je me trouvais mêlé là dedans, car j'étais un des auteurs pillés, avec cette complication que j'avais donné une autorisation de publier gratuitement, avant de faire partie de la Société. Je me souviens de l'indignation des socialistes. Eh quoi ! poursuivre un pauvre petit journal, qui faisait simplement œuvre de propagande ? Est-ce que les idées ne sont pas à tous ? Est-ce que la reproduction de l'Évangile se paye à tant la ligne ? J'eus beaucoup de peine à étouffer l'affaire.

Ils avaient raison, les socialistes, à leur point de vue. C'est bien dur de faire le gabelou autour de ses phrases, de ne pas vouloir qu'aucune d'elles aille remplir sa mission civilisatrice dans le monde, sans d'abord rapporter son tant pour cent. Et toujours s'impose la comparaison avec l'arbre qui donne ses fruits, avec la plante qui sème sa bonne graine, à la moindre sollicitation du vent. Si vous êtes un génie, fleurissez donc et fructifiez donc pour tout le monde !

Sans doute, mais alors commençons par vivre en frères. La conception d'un Mécène, nourrissant l'écrivain pour qu'il produise, étant écartée comme aristocratique, il ne reste que le principe du travail littéraire assimilé à tout autre travail, faisant vivre son homme justement et dignement, créant dès lors une propriété que le Code doit défendre, ainsi que toute propriété. Il y a labeur, il y a œuvre faite, et personne n'en saurait disposer sans le consentement de l'auteur, sous peine de transgresser la loi d'honnêteté universelle qui défend de prendre à autrui ce qu'il refuse de donner.

Notre grande amie la Russie se doute-t-elle qu'elle est en plein rêve anarchique, lorsqu'elle traduit nos romans et qu'elle joue nos pièces sans notre autorisation ? Je veux bien faire ce rêve : l'humanité réunie en une seule nation heureuse et fraternelle, les poètes chantant pour tous, le génie livrant les pages de ses œuvres aux passants, sans avoir de compte ouvert chez un éditeur. Mais il faut d'abord que l'âge d'or revienne, que l'éternel printemps nous dispense de nous vêtir, et que la nature nous nourrisse du miel de ses fleurs et du lait de ses ruisseaux.

PEINTURE

PEINTURE

Chaque année, en sortant des Salons de peinture, j'entends, depuis plus d'un quart de siècle, circuler des phrases semblables : « Eh bien ! et ce Salon ? — Oh ! toujours le même ! — Alors, comme l'année dernière ? — Mon Dieu, oui ! comme l'année dernière, et comme les années d'auparavant ! » Et il semble que les Salons soient immuables dans leur médiocrité, qu'ils se répètent avec une uniformité sans fin, et qu'il devienne même inutile d'aller les voir pour les connaître.

C'est une profonde erreur. La vérité seulement est que l'évolution à laquelle ils obéissent, d'une façon ininterrompue, est si lente dans ses résultats, qu'elle n'est pas facile à constater. D'une année à une autre, les changements échappent, tellement les transitions paraissent naturelles et insensibles. Comme pour les personnes qu'on voit tous les jours, les traits principaux semblent rester les mêmes, on ne s'aperçoit pas des modifications successives et totales. Dans le train quotidien de l'existence, on jurerait qu'on coudoie toujours la même figure.

Mais, grand Dieu ! quelle stupeur, si l'on pouvait évoquer d'un coup de baguette le Salon d'il y a trente ans et le mettre en comparaison avec les deux Salons d'aujourd'hui ! Comme on verrait que les Salons ne sont pas toujours les mêmes, qu'ils se suivent, mais qu'ils ne se ressemblent pas, que rien au contraire n'a évolué plus profondément que la peinture dans cette fin de siècle, sous la légitime fièvre des recherches originales, et aussi, il faut bien le dire, sous la passion de la mode !

Brusquement, ce Salon d'il y a trente ans m'est apparu, ces jours derniers, pendant que je visitais les deux Salons actuels. Et quel coup au cœur ! J'avais vingt-six ans, je venais d'entrer au *Figaro*, qui s'appelait alors *l'Événement*, et que Villemessant m'avait ouvert en m'y laissant toute liberté, avec son hospitalité si large, lorsqu'il se passionnait pour une idée ou pour un homme. J'étais alors ivre de jeunesse, ivre de la vérité et de l'intensité dans l'art, ivre du besoin d'affirmer mes croyances à coups de massue. Et j'écrivis ce Salon de 1866, « Mon Salon », comme je le nommai avec un orgueil provocant, ce Salon où j'affirmai hautement la maîtrise d'Édouard Manet, et dont les premiers articles soulevèrent un si violent orage, l'orage qui devait continuer autour de moi, qui, depuis trente années, n'a plus cessé de gronder un seul jour.

Oui, trente années se sont passées, et je me suis un peu désintéressé de la peinture. J'avais grandi presque dans le même berceau, avec mon ami, mon frère, Paul Cézanne, dont on s'avise seulement aujourd'hui de découvrir les parties géniales de grand peintre avorté. J'étais mêlé à tout un groupe d'artistes jeunes, Fantin, Degas, Renoir, Guillemet, d'autres encore, que la vie a dispersés, a semés aux étapes diverses du succès. Et j'ai de même continué ma route, m'écartant des ateliers amis, portant ma passion ailleurs. Depuis trente ans, je crois bien que je n'ai plus rien écrit sur la peinture, si ce n'est dans mes correspondances à une Revue russe, dont le texte français n'a même jamais paru. Aussi quelle secousse au cœur, lorsque tout ce passé a ressuscité en moi, à l'idée que je venais de reprendre du service au *Figaro*, et qu'il serait intéressant peut-être d'y reparler peinture une fois encore, après un silence d'un tiers de siècle bientôt !

Mettons, si vous le voulez bien, que j'aie dormi pendant trente années. Hier, je battais encore avec Cézanne le rude pavé de Paris, dans la fièvre de le conquérir. Hier, j'étais allé à ce Salon de 1866, avec Manet, avec Monet et avec Pissarro, dont on avait rudement refusé les tableaux. Et voilà, après une longue nuit, que je m'éveille et que je me rends aux Salons du Champ de Mars et du Palais de l'Industrie. O stupeur ! ô prodige toujours inattendu et renversant de la vie ! ô moisson dont j'ai vu les semailles et qui me surprend comme la plus imprévue des extravagances !

* * *

D'abord, ce qui me saisit, c'est la note claire, dominante. Tous des Manet alors, tous des Monet, tous des Pissarro ! Autrefois, lorsqu'on accrochait une toile de ceux-ci dans une salle, elle faisait un trou de lumière parmi les autres toiles, cuisinées avec les tons recuits de l'École. C'était la fenêtre ouverte sur la nature, le fameux plein air qui entrait. Et voilà qu'aujourd'hui il n'y a plus que du plein air, tous se sont mis à la queue de mes amis, après les avoir injuriés et m'avoir injurié moi-même. Allons, tant mieux! Les conversions font toujours plaisir.

Même ce qui redouble mon étonnement, c'est la ferveur des convertis, l'abus de la note claire, qui fait de certaines œuvres des linges décolorés par de longues lessives. Les religions nouvelles, quand la mode s'y met, ont ceci de terrible qu'elles dépassent tout bon sens. Et, devant ce Salon délavé, passé à la chaux, d'une fadeur crayeuse désagréable, j'en viens presque à regretter le Salon noir, bitumeux d'autrefois. Il était trop noir, mais celui-ci est trop blanc. La vie est plus variée, plus chaude et plus souple. Et moi qui me suis si violemment battu pour le plein air, les tonalités blondes, voilà que cette file continue de tableaux exsangues, d'une pâleur de rêve, d'une chlorose préméditée, aggravée par la mode, peu à peu m'exaspère, me jette au souhait d'un artiste de rudesse et de ténèbres!

C'est comme pour la tache. Ah! Seigneur, ai-je rompu des lances pour le triomphe de la tache! J'ai loué Manet, et je le loue encore, d'avoir simplifié les procédés, en peignant les objets et les êtres dans l'air où ils baignent, tels qu'ils s'y comportent, simples taches souvent que mange la lumière. Mais pouvais-je prévoir l'abus effroyable qu'on se mettrait à faire de la tache, lorsque la théorie si juste de l'artiste aurait triomphé? Au Salon, il n'y a plus que des taches, un portrait n'est plus qu'une tache, des figures ne sont plus que des taches, rien que des taches, des arbres, des maisons, des continents et des mers. Et ici le noir reparaît, la tache est noire, quand elle n'est pas blanche. On passe sans transition de l'envoi d'un peintre, cinq ou six toiles qui sont simplement une juxtaposition de taches blanches, à l'envoi d'un autre peintre, cinq ou six toiles qui sont une juxtaposition de taches noires. Noir sur noir, blanc sur blanc, et voilà une originalité ! Rien de plus commode. Et ma consternation augmente.

Mais où ma surprise tourne à la colère, c'est lorsque je constate la démence à laquelle a pu conduire, en trente ans, la théorie des reflets. Encore une des victoires gagnées par nous, les précurseurs ! Très justement, nous soutenions que l'éclairage des objets et des figures n'est point simple, que sous des arbres, par exemple, les chairs nues verdissent, qu'il y a ainsi un continuel échange de reflets dont il faut tenir compte, si l'on veut donner à une œuvre la vie réelle de la lumière. Sans cesse, celle-ci se décompose, se brise et s'éparpille. Si l'on ne s'en tient pas aux académies peintes sous le jour factice de l'atelier, si l'on aborde la nature immense et changeante, la lumière devient l'âme de l'œuvre, éternellement diverse. Seulement, rien n'est plus délicat à saisir et à rendre que cette décomposition et ces reflets, ces jeux du soleil où, sans être déformées, baignent les créatures et les choses. Aussi, dès qu'on insiste, dès que le raisonnement s'en mêle, en arrive-t-on vite à la caricature. Et ce sont vraiment des œuvres déconcertantes, ces femmes multicolores, ces paysages violets et ces chevaux orange, qu'on nous donne, en nous expliquant scientifiquement qu'ils sont tels par suite de tels reflets ou de telle décomposition du spectre solaire. Oh! les dames qui ont une joue bleue, sous la lune, et l'autre joue vermillon, sous un abat-jour de lampe! Oh! les horizons où les arbres sont mauves, les eaux rouges et les cieux verts! C'est affreux, affreux, affreux!

Monet et Pissarro, les premiers, je crois, ont délicieusement étudié ces reflets et cette décomposition de la lumière. Mais que de finesse et que d'art ils y mettaient! L'engouement est venu, et je frissonne d'épouvante ! Où suis-je ? Dans un de ces anciens Salons des refusés, que l'âme charitable de Napoléon III ouvrait aux révoltés et aux égarés de la peinture ? Il est très certain que pas la moitié de ces toiles ne seraient entrées au Salon officiel.

＊

Puis, c'est un débordement lamentable de mysticisme. Ici, je crois bien que le coupable est le très grand et très pur artiste, Puvis de Chavannes. Sa queue est désastreuse, plus désastreuse peut-être encore que celle de Manet, de Monet et de Pissarro.

Lui, sait et fait ce qu'il veut. Rien n'est d'une force ni d'une santé plus nettes que ses hautes figures simplifiées. Elles peuvent ne pas vivre de notre vie de tous les jours, elles n'en ont pas moins une vie à elles, logique et complète, soumise aux lois voulues par l'artiste. Je veux dire qu'elles évoluent dans ce monde des créations immortelles de l'art, qui est fait de raison, de passion et de volonté.

Mais sa suite, grand Dieu ! Quel bégaiement à peine formulé, quel chaos des plus fâcheuses prétentions ! L'esthéticisme anglais est venu et a fini de détraquer notre clair et solide génie français. Toutes sortes d'influences, qu'il serait trop long d'analyser à cette place, se sont réunies et amassées pour jeter notre école dans ce défi à la nature, cette haine de la chair et du soleil, ce retour à l'extase des primitifs; et encore les primitifs étaient-ils des ingénus, des copistes très sincères, tandis que nous avons affaire à une mode, à toute une bande de truqueurs rusés et de simulateurs avides de tapage. La foi manque, il ne reste que le troupeau des impuissants et des habiles.

Je sais bien tout ce qu'on peut dire, et ce mouvement, que j'appellerai idéaliste, pour simplement l'étiqueter, a eu sa raison d'être, comme une naturelle protestation contre le réalisme triomphant de la période précédente. Il s'est également déclaré dans la littérature, il est un résultat de la loi d'évolution, où toute action trop vive appelle une réaction. On doit admettre aussi la nécessité où les jeunes artistes se trouvent de ne pas s'immobiliser dans les formules existantes, de chercher du nouveau, même extravagant. Et je suis loin de dire qu'il n'y a pas eu des tentatives curieuses, des trouvailles intéressantes, dans ce retour du rêve et de la légende, de toute la flore délicieuse de nos anciens missels et de nos vitraux. Au point de vue de la décoration surtout, je suis ravi du réveil de l'art, pour les étoffes, les meubles, les bijoux, non pas, hélas! qu'on ait créé encore un style moderne, mais parce qu'en vérité on est en train de retrouver le goût exquis d'autrefois, dans les objets usuels de la vie.

Seulement, oh! de grâce, pas de peinture d'âmes! Rien n'est fâcheux comme la peinture d'idées. Qu'un artiste mette une pensée dans un crâne, oui! mais que le crâne y soit, et solidement peint, et d'une construction telle, qu'il brave les siècles. La vie seule parle de la vie, il ne se dégage de la beauté et de la vérité que de la nature vivante. Dans un art matériel comme la peinture surtout, je défie bien qu'on laisse une figure immortelle, si elle n'est pas dessinée et peinte humainement, aussi simplifiée qu'on voudra, gardant pourtant la logique de son anatomie et la proportion saine de ses formes. Et à quel effroyable défilé nous assistons depuis quelque temps, ces vierges insexuées qui n'ont ni seins ni hanches, ces filles qui sont presque des garçons, ces garçons qui sont presque des filles, ces larves de créatures sortant des limbes, volant par des espaces blêmes, s'agitant dans de confuses contrées d'aubes grises et de crépuscules couleur de suie! Ah! le vilain peuple, cela tourne au dégoût et au vomissement!

Heureusement, je crois bien que cette mascarade commence à écœurer tout le monde, et il m'a semblé que les Salons actuels comptaient beaucoup moins de ces lis fétides, poussés dans les marécages du faux mysticisme contemporain.

* * *

Et voilà donc le bilan de ces trente dernières années. Puvis de Chavannes a grandi dans son effort solitaire de pur artiste. A côté de lui, on citerait vingt artistes de grand mérite : Alfred Stevens, qui a également conquis la maîtrise par sa sincérité si fine et si juste; Detaille, d'une précision et d'une netteté admirables; Roll aux vastes ambitions, le peintre ensoleillé des foules et des espaces. Je nomme ceux-ci, j'en devrais nommer d'autres, car jamais peut-être on n'a fait de tentatives plus méritoires dans tous les sens. Mais, il faut bien le dire, aucun grand peintre nouveau ne s'est révélé, ni un Ingres, ni un Delacroix, ni un Courbet.

Ces toiles claires, ces fenêtres ouvertes de l'impressionnisme, mais je les connais, ce sont des Manet, pour lesquels, dans ma jeunesse, j'ai failli me faire assommer! Ces études de reflets, ces chairs où passent des tons verts de feuilles, ces eaux où dansent toutes les couleurs du prisme, mais je les connais, ce sont des Monet, que j'ai défendus et qui m'ont fait traiter de fou! Ces décompositions de la lumière, ces horizons où les arbres deviennent bleus, tandis que le ciel devient vert, mais je les connais, ce sont des Pissarro, qui m'ont autrefois fermé les journaux, parce que j'osais dire que de tels effets se rencontraient dans la nature!

Et ce sont là les toiles que jadis on refusait violemment à chaque Salon, exagérées aujourd'hui, devenues affreuses et innombrables! Les germes que j'ai vu jeter en terre ont poussé, ont fructifié d'une façon monstrueuse. Je recule d'effroi. Jamais je n'ai mieux senti le danger des formules, la fin pitoyable des écoles, quand les initiateurs ont fait leur œuvre et que les maîtres sont partis. Tout mouvement s'exagère, tourne au procédé et au mensonge, dès que la mode s'en empare. Il n'est pas de vérité, juste et bonne au début, pour laquelle on donnerait héroïquement son sang, qui ne devienne, par l'imitation, la pire des erreurs, l'ivraie envahissante qu'il faut impitoyablement faucher.

Je m'éveille et je frémis. Eh quoi! vraiment,

c'est pour ça que je me suis battu? C'est pour cette peinture claire, pour ces taches, pour ces reflets, pour cette décomposition de la lumière? Seigneur! étais-je fou? Mais c'est très laid, cela me fait horreur! Ah! vanité des discussions, inutilité des formules et des écoles! Et j'ai quitté les deux Salons de cette année en me demandant avec angoisse si ma besogne ancienne avait donc été mauvaise.

Non, j'ai fait ma tâche, j'ai combattu le bon combat. J'avais vingt-six ans, j'étais avec les jeunes et avec les braves. Ce que j'ai défendu, je le défendrais encore, car c'était l'audace du moment, le drapeau qu'il s'agissait de planter sur les terres ennemies. Nous avions raison, parce que nous étions l'enthousiasme et la foi. Si peu que nous ayons fait de vérité, elle est aujourd'hui acquise. Et, si la voie ouverte est devenue banale, c'est que nous l'avons élargie, pour que l'art d'un moment puisse y passer.

Et puis, les maîtres restent. D'autres viendront dans des voies nouvelles; mais tous ceux qui ont déterminé l'évolution d'une époque, demeurent, sur les ruines de leurs écoles. Et il n'y a décidément que les créateurs qui triomphent, les faiseurs d'hommes, le génie qui enfante, qui fait de la vie et de la vérité!

L'ÉLITE ET LA POLITIQUE

L'ÉLITE ET LA POLITIQUE

J'ai eu, lors de mon début dans les lettres, un mépris extraordinaire pour la politique. Non seulement je m'en désintéressais, d'un air superbe d'écrivain qui dédaignait de descendre à cette basse besogne, mais je jugeais les hommes qui s'en occupaient avec une sévérité outrageante, les regardant en bloc comme des sots et des inutiles. C'était, de ma part, l'opinion simpliste d'un poète exaspéré, et rien ne me semble aujourd'hui plus enfantin ni plus imbécile.

Ensuite, la vie m'a corrigé, j'ai dû pénétrer un peu dans tous les mondes pour mes études, j'ai renoncé à cette puérile conception sociale qui incarne l'humanité tout entière dans le lettré et l'artiste, traitant le reste en vil troupeau, en cohue inférieure, indigne d'intérêt. Cette politique, elle m'est apparue ce qu'elle est en réalité, le champ passionnant où lutte la vie des nations, où se sème l'histoire des peuples, pour les moissons futures de vérité et de justice. J'ai compris que les plus grands esprits pouvaient y évoluer, y faire la meilleure des besognes, celle du bonheur des autres. Même, si je m'étais découvert le moindre talent de parole, je crois bien que j'aurais cédé au besoin de me mettre, moi aussi, à la tâche.

Et voilà que, sur le tard de ma vie, je sens renaître pour la politique le mépris de ma jeunesse. De nouveau, elle cesse de m'intéresser, elle met en moi un hoquet de dégoût. Mais ce n'est plus le poète ivre de son rêve, orgueilleux de son intelligence, qui ne peut s'accoutumer à la basse cuisine quotidienne des politiciens, c'est l'homme vieilli, l'homme renseigné, qui sait et qui voit, que blesse surtout la médiocrité de notre monde politique, députés, sénateurs, ministres, tout le personnel de la machine gouvernementale en fonction.

Ah! ce fossé qui se creuse entre l'élite de la nation et ceux qui la gouvernent! S'il semble plus profond aujourd'hui, c'est que nos républicains soignent moins leurs redingotes, se montrent en négligé; mais la médiocrité de la dernière monarchie, la médiocrité du second

Empire étaient les mêmes, mieux cravatées sans doute. Et ce qui éclate, c'est la mise à l'écart des belles intelligences, c'est l'emploi reconnu impossible de nos grands hommes dans les affaires publiques, ce sont ces affaires confiées à des entrepreneurs de bâtisse sociale, à des sortes de spécialistes, d'une moyenne intellectuelle désastreuse, recrutés parmi les affamés et les dévoyés, faisant le plus souvent leurs affaires avant de faire celles du pays.

J'ai connu un ministre fort aimable, intelligent même, qui disait d'habitude aux grands hommes, lettrés, artistes, savants : « Laissez-nous donc gouverner ! Ne vous risquez pas dans cette vilaine besogne. Elle est vraiment indigne de vous, tandis que nous autres, les médiocres, nous sommes faits pour elle. Est-ce que vous balayez, est-ce que vous lavez la vaisselle, chez vous? Non, n'est-ce pas ? Vous avez des gens à gages pour vous débarrasser de ces soucis matériels. Eh bien ! nous autres, hommes politiques, nous sommes vos gens à gages, et vous pouvez vous livrer en paix à vos hautes spéculations, tandis que nous nous efforçons de rendre la maison tranquille et même agréable. » Mais le pis est que la maison n'est ni agréable ni même tranquille; et, entre l'élite, ainsi congédiée, et la médiocrité, en possession de tous les postes, la rupture s'aggrave de jour en jour.

* * *

Je ne connais pas, à ce point de vue, d'histoire plus typique que celle du passage de M. Berthelot au ministère des affaires étrangères. On voudra bien m'en laisser parler librement dans ce journal, qui a mené une si rude campagne contre le dernier ministère. Je ne suis qu'une individualité qui passe, je n'engage en rien la responsabilité des collaborateurs voisins.

Voilà donc un très grand savant, dont la France doit être particulièrement orgueilleuse. L'Angleterre, s'il avait daigné s'y occuper de politique, l'aurait mis au premier rang. En Allemagne, l'Empereur en aurait fait son conseiller. Or, voilà, chez nous, après avoir été autrefois ministre de l'instruction publique, qu'il en arrive, par suite d'une combinaison politique, à prendre dans un cabinet le portefeuille des affaires étrangères. Et j'admets qu'il n'y fût pas tout à fait à sa place, bien que, selon moi, une intelligence supérieure soit à sa place partout. Il s'est succédé, au palais du quai d'Orsay, de telles nullités, qu'un des grands cerveaux de ce

temps ne pouvait y être déplacé, en admettant
même que son aptitude fût discutable. En tout
cas, il représentait la France avec un éclat de
gloire autrement vif que tous les médiocres qui
l'avaient précédé, et, s'il n'y faisait pas de meilleure besogne, il n'en pouvait certainement faire
de pire.

Alors, nous avons assisté à cet affligeant
spectacle d'une campagne furieuse menée
contre M. Berthelot par la presse presque tout
entière. On l'a criblé d'épigrammes, la caricature s'en est mêlée et l'a ridiculisé ; puis, sont
venues les attaques plus graves, qui dénaturaient
chacun de ses actes. Un homme traîné sur la
claie, jeté à la boue. Je sais bien que la passion
politique était la grande coupable, qu'on ne
s'attaquait pas au savant, mais à l'homme
public qui avait commis l'inexpiable crime de
faire partie d'un cabinet radical ; sans parler de
la passion religieuse, dont la rage grondait
aussi contre le libre penseur. Mais, justement,
c'est cela qui est abominable, cette politique
médiocre en révolte contre les intelligences,
incapable d'un ménagement, si sotte, qu'elle
ne peut remettre les choses au point, honorer le
pays en montrant au moins quelque déférence
à une de ses gloires. Et, il faut bien le dire, il

m'a semblé qu'on se ruait sur M. Berthelot, avec une joie d'autant plus sauvage, qu'on bousculait en lui un haut représentant de l'élite, qu'on faisait rentrer avec rudesse dans le rang un homme illustre qui se permettait d'en sortir.

Ma surprise est que les journaux conservateurs se soient prêtés si aisément à cette pitoyable campagne. Ils ne sont donc plus pour l'élite? Ils se mettent donc avec les égalitaires, coupant les têtes qui dépassent? Comment n'ont-ils pas vu que l'échec douloureux d'un homme tel que M. Berthelot, est fait pour écarter du pouvoir tous les cerveaux puissants? Ses amis eux-mêmes l'abandonnaient, ses pairs ricanaient derrière son dos, en disant que c'était bien fait, qu'il n'avait que faire d'aller compromettre sa haute et belle situation dans cette galère. Et cela, pour des années, rend lâches les intelligences. Elles fuient cette politique où les hommes de la science, de l'art et des lettres, n'ont que des crachats à recevoir, elles l'abandonnent aux médiocrités qui s'y installent définitivement et y triomphent.

* * *

Hugo n'a guère été, en politique, qu'une lyre retentissante. S'il a convoité le pouvoir, comme certains le prétendent, il n'a jamais pu satisfaire cette ambition. Vainement, Balzac a voulu être député, et Renan, plus tard, y a échoué de même. Je citerais vingt autres exemples. Chateaubriand et Lamartine seuls ont joué un grand rôle, à la vérité plus décoratif que vraiment fécond en œuvres solides. Il semble qu'au-dessus d'une certaine intelligence, les dons du savant et du poète soient plutôt un empêchement à la conduite expérimentée des peuples. Peut-être y faut-il un certain terre à terre, une fraternité de facultés moyennes avec la masse, des vues communes, un côté tout le monde qui établisse la sympathie.

Je suis frappé de la pauvre figure que nous faisons dans les Assemblées. Un des nôtres, Henry Fouquier, l'esprit le plus fin, le plus lettré et le plus pénétrant, après avoir siégé pendant quelques années à la Chambre, s'en est allé plein de dégoût, en s'y sentant parfaitement dépaysé et inutile. M. de Vogüé, dont on avait accueilli l'élection par des cris d'espoir, attendant de lui de nobles besognes, s'y trouve comme perdu, étouffé au milieu du glapissement et des bourrades d'une foule. Maurice Barrès, malgré son originale conception de la vie, n'en a rapporté que deux bons articles ; et l'on s'étonne de l'âpreté qu'il met à vouloir rentrer dans un Parlement où son action a été d'une nullité si totale. Je ne trouve pas un seul écrivain, un artiste ou un savant, qui ait réellement joué chez nous un rôle politique de quelque importance depuis cinquante ans.

Alors quoi? Mon ministre aurait-il raison, celui qui voulait qu'on laissât la politique aux soins d'une classe subalterne? Les professionnels de l'intelligence ne sont peut-être bons qu'à penser et à créer dans l'absolu. Remarquez pourtant que nos nouveaux ministres, les jeunes, sont d'une culture très grande. L'historien est des plus remarquables chez M. Hanotaux, que ses amis regardent comme un esprit de haute valeur. Aucun homme au pouvoir n'avait encore montré la bravoure, je dirai l'enthousiasme littéraire de M. Poincaré, qui a conquis les lettres et les arts par ses discours fraternels, où nous avons senti battre le cœur d'un des nôtres. M. Leygues s'est également révélé de notre famille, non pas parce qu'il a publié un volume de vers dans sa jeunesse, mais parce qu'il a gardé au pouvoir toute une intelligence vive, passionnée des choses de l'esprit. Et M. Bourgeois, le terrible M. Bourgeois, ce parfait administrateur, ce sage si clair et si pondéré, dont on est en train de faire un ogre révolutionnaire, a certainement en art les goûts les plus intenses, les plus raffinés, car je le sais un des fidèles de Rodin et de Vincent d'Indy. Même, si je remonte d'une génération en arrière, je trouve M. Édouard Lockroy dont l'histoire est si typique, un ancien journaliste d'infiniment d'esprit, auquel les journaux n'ont encore pu pardonner d'avoir travaillé vingt ans à se faire une immense instruction spéciale, un homme de volonté, de netteté et de courage, qui vient, quoi qu'on en puisse dire, de commencer une excellente besogne, avec une compétence parfaite, en indiquant tout un ensemble de réformes, au ministère de la marine. Un ancien journaliste à la marine! N'est-ce pas tout ce qu'il y a de plus drôle? Et les journalistes crachent en l'air.

Seulement, il est bien vrai que, si tous ceux-là ont été plus ou moins des nôtres, ils se sont donnés ensuite corps et âme à la politique. Elle est donc une maîtresse jalouse qui exige l'homme tout entier. Puis, la grande raison des échecs que les meilleurs de nous y subissent, c'est, je le répète, qu'elle demande des dons particuliers, qui vont rarement de pair avec les dons de l'artiste, de l'écrivain et du savant. D'abord, il faut être un orateur suffisant, et je dis un orateur toujours prêt, bravant les interruptions, trouvant le mot victorieux dans la tempête, et non le conférencier, le diseur récitant ou lisant ses discours écrits d'avance. Puis, il faut le goût de l'action, l'amour de la bataille, le cœur solide défiant les nausées, l'ambition de vaincre et de régner, l'insouciance de l'absolu et du définitif qui s'accommode d'une vie précaire au jour le jour, dans l'espoir d'un résultat qu'on n'atteint jamais.

Et, alors, il pourrait bien se faire que notre dédain de la politique, à nous tous qui vivons d'art, de littérature ou de science, vienne simplement de ce que nous n'avons rien de ce qu'il faut pour y réussir.

* * *

On sait que la société future rêvée par Renan, la société parfaite, arrivée au bonheur final, était une sorte d'oligarchie, un peuple gouverné par ses philosophes, ses savants et ses poètes. L'élection des intelligences finissait par se faire, et le troupeau se trouvait enfin sous la garde des mieux doués et des plus intelligents.

Certes, ce n'est pas à cela que nous semblons marcher. Le vieux républicain que je suis et le socialiste que je finirai sans doute par être, confesse que la démocratie victorieuse apporte avec elle un furieux besoin d'égalité, qui se trahit par la méfiance et la haine de toute supériorité trop éclatante. Resterait à faire le procès des supériorités, des hommes providentiels, dont la nécessité pour le bonheur humain est discutable. En art même, l'homme de génie n'est pas absolument nécessaire, il y a eu des foules de génie, notre peuple du moyen âge, auquel nous devons les cathédrales gothiques. Et, dans un autre ordre d'idées, je ne vois pas que notre Conseil municipal, celui qu'on vient de réélire, qu'on plaisante si fort de ne compter que d'illustres inconnus, administre Paris plus mal que ne le ferait un Conseil composé de toutes nos gloires parisiennes.

Il semble donc difficile, si l'on veut mettre quelque logique dans le rêve de demain, en tenant compte du mouvement social, de s'en tenir à la pure et belle vision de Renan, cette sélection naturelle des grands esprits, chargés de conduire les autres, les avortés et les faibles. Au lieu d'une exaltation par en haut, j'imagine volontiers une lente montée par en bas, une répartition plus large de l'intelligence commune, le niveau moyen de plus en plus supérieur, grâce à l'instruction et à l'éducation. En un mot, le bonheur naîtrait de l'équilibre, pas d'élite trop géniale, pas de bas peuple trop ignorant, une société qui fonctionnerait d'autant mieux, que les rouages en seraient plus étroitement semblables et liés entre eux.

Et ce serait le vœu de Proudhon réalisé : pas de grands hommes ! Ils sont terribles parfois, d'un danger social extrême. Pour le juste, dont le rêve est le plus possible d'équité et de vérité sur la terre, les petits de ce monde ayant chacun droit au morceau de pain quotidien, le grand homme devient un monstre qui terrifie les humbles et mange leur part. L'effort de la nature devrait être de le détruire, de le ramener aux proportions communes, frère parmi ses frères. Et peut-être est-ce à cette unité que travaillent inconsciemment les démocraties, lorsqu'elles se montrent si affamées d'égalité. Ce n'est en somme que la révolte du plus grand nombre contre l'élu qui gêne les autres.

En attendant, il y a certainement divorce entre l'élite et la politique. Si l'élite disparaissait, si les peuples devenaient médiocres et heureux, tout antagonisme cesserait forcément. Mais, hélas ! l'égalité, même dans la médiocrité, n'est pas de ce monde, et je crois bien qu'il faudra se résigner, pendant des siècles encore, à voir les orateurs et les hommes d'action, de cervelle autre, sinon inférieure, conduire les peuples, tandis que les savants, les écrivains et les artistes, de cerveau plus libre et plus absolu, les regarderont faire avec colère et mépris, en haussant les épaules.

POUR LES JUIFS

POUR LES JUIFS

Depuis quelques années, je suis la campagne qu'on essaye de faire en France contre les Juifs, avec une surprise et un dégoût croissants. Cela m'a l'air d'une monstruosité, j'entends une chose en dehors de tout bon sens, de toute vérité et de toute justice, une chose sotte et aveugle qui nous ramènerait à des siècles en arrière, une chose enfin qui aboutirait à la pire des abominations, une persécution religieuse, ensanglantant toutes les patries.

Et je veux le dire.

D'abord, quel procès dresse-t-on contre les Juifs, que leur reproche-t-on ?

Des gens, même des amis à moi, disent qu'ils ne peuvent les souffrir, qu'ils ne peuvent leur toucher la main, sans avoir à la peau un frémissement de répugnance. C'est l'horreur physique, la répulsion de race à race, du blanc pour le jaune, du rouge pour le noir. Je ne cherche pas si, dans cette répugnance, il n'entre pas la lointaine colère du chrétien pour le Juif qui a crucifié son Dieu, tout un atavisme séculaire de mépris et de vengeance. En somme, l'horreur physique est une bonne raison, la seule raison même, car il n'y a rien à répondre aux gens qui vous disent : « Je les exècre parce que je les exècre, parce que la vue seule de leur nez me jette hors de moi, parce que toute ma chair se révolte, à les sentir différents et contraires. »

Mais, en vérité, cette raison de l'hostilité de race à race n'est pas suffisante. Retournons alors au fond des bois, recommençons la guerre barbare d'espèce à espèce, dévorons-nous parce que nous n'aurons pas le même cri et que nous aurons le poil planté autrement. L'effort des civilisations est justement d'effacer ce besoin sauvage de se jeter sur son semblable, quand il n'est pas tout à fait semblable. Au cours des siècles, l'histoire des peuples n'est qu'une leçon de mutuelle tolérance, si bien que le rêve final sera de les ramener tous à l'universelle fraternité, de les noyer tous dans une commune tendresse, pour les sauver tous le plus possible de la commune douleur. Et, de notre temps, se haïr et se mordre, parce qu'on n'a pas le crâne absolument construit de même, commence à être la plus monstrueuse des folies.

J'arrive au procès sérieux, qui est surtout d'ordre social. Et je résume le réquisitoire, j'indique les grands traits. Les Juifs sont accusés d'être une nation dans la nation, de mener à l'écart une vie de caste religieuse et d'être ainsi, par-dessus les frontières, une sorte de secte internationale, sans patrie réelle, capable un jour, si elle triomphait, de mettre la main sur le monde. Les Juifs se marient entre eux, gardent un lien de famille très étroit, au milieu du relâchement moderne, se soutiennent et s'encouragent, montrent, dans leur isolement, une force de résistance et de lente conquête extraordinaire. Mais surtout ils sont de race pratique et avisée, ils apportent avec leur sang un besoin du lucre, un amour de l'argent, un esprit prodigieux des affaires, qui, en moins de cent ans, ont accumulé entre leurs mains des fortunes énormes, et qui semblent leur assurer la royauté, en un temps où l'argent est roi.

Et tout cela est vrai. Seulement, si l'on constate le fait, il faut l'expliquer. Ce qu'on doit ajouter, c'est que les Juifs, tels qu'ils existent aujourd'hui, sont notre œuvre, l'œuvre de nos dix-huit cents ans d'imbécile persécution. On les a parqués dans des quartiers infâmes, comme des lépreux, et rien d'étonnant à ce qu'ils aient vécu à part, conservant tout de leurs traditions, resserrant le lien de la famille, demeurant des vaincus chez des vainqueurs. On les a frappés, injuriés, abreuvés d'injustices et de violences, et rien d'étonnant à ce qu'ils gardent au cœur, même inconsciemment, l'espoir d'une lointaine revanche, la volonté de résister, de se maintenir et de vaincre. Surtout on leur a dédaigneusement abandonné le domaine de l'argent, qu'on méprisait, faisant socialement d'eux des trafiquants et des usuriers, et rien d'étonnant à ce que, lorsque le régime de la force brutale a fait place au régime de l'intelligence et du travail, on les ait trouvés maîtres des capitaux, la cervelle assouplie, exercée par des siècles d'hérédité, tout prêts pour l'empire.

Et voilà qu'aujourd'hui, terrifiés devant cette œuvre d'aveuglement, tremblants de voir ce que la foi sectaire du moyen âge a fait des Juifs, vous n'imaginez rien de mieux que de retourner à l'an mille, de reprendre les persécutions, de prêcher de nouveau la guerre sainte pour que les Juifs soient traqués, dépouillés, remis en tas, avec la rage dans l'âme, traités en peuple vaincu parmi un peuple vainqueur !

En vérité, vous êtes des gaillards intelligents, et vous avez là une jolie conception sociale !

* * *

Eh quoi ! vous êtes plus de deux cents millions de catholiques, on compte à peine cinq millions de Juifs, et vous tremblez, vous appelez les gendarmes, vous menez un effroyable vacarme de terreur, comme si des nuées de pillards s'étaient abattues sur le pays. Voilà du courage !

Il me semble que les conditions de la lutte sont acceptables. Sur le terrain des affaires, pourquoi ne pas être aussi intelligents et aussi forts qu'eux ? Pendant le mois que je suis allé à la Bourse, pour tâcher d'y comprendre quelque chose, un banquier catholique me disait, en parlant des Juifs : « Ah ! monsieur, ils sont plus forts que nous, toujours ils nous battront. » Si cela était vrai, ce serait vraiment humiliant. Mais pourquoi serait-ce vrai ? Le don a beau exister, le travail et l'intelligence, quand même, peuvent tout. Je connais déjà des chrétiens qui sont des Juifs très distingués. Le champ est libre, et, s'ils ont eu des siècles pour aimer l'argent et pour apprendre à le gagner, il n'y a qu'à les suivre sur ce terrain, à y acquérir leurs qualités, à les battre avec leurs propres armes. Mon Dieu! oui, cesser de les injurier inutilement, et les vaincre en leur étant supérieur. Rien n'est plus simple, et c'est la loi même de la vie.

Quelle satisfaction orgueilleuse doit être la leur, devant le cri de détresse que vous poussez! N'être qu'une minorité infime et nécessiter un tel déploiement de guerre! Tous les matins, vous les foudroyez, vous battez désespérément le rappel, comme si la cité se trouvait en péril d'être prise d'assaut! A vous entendre, il faudrait rétablir le *ghetto*, nous aurions encore la rue des Juifs, qu'on barrerait le soir avec des chaînes. Et ce serait chose aimable, cette quarantaine, dans nos libres villes ouvertes. Je comprends qu'ils ne s'émotionnent pas et qu'ils continuent à triompher sur tous nos marchés financiers, car l'injure est la flèche légendaire qui retourne crever l'œil du méchant archer. Continuez donc à les persécuter, si vous voulez qu'ils continuent à vaincre!

La persécution, vraiment, vous en êtes encore là? Vous en êtes encore à cette belle imagination qu'on supprime les gens en les persécutant? Eh! c'est tout le contraire; pas une cause n'a grandi qu'arrosée du sang de ses martyrs. S'il y a encore des Juifs, c'est de votre faute. Ils auraient disparu, se seraient fondus, si on ne les avait pas forcés de se défendre, de se grouper, de s'entêter dans leur race. Et, aujourd'hui encore, leur plus réelle puissance vient de vous, qui la rendez sensible en l'exagérant. On finit par créer un danger, en criant chaque matin qu'il existe. A force de montrer au peuple un épouvantail, on crée le monstre réel. Ne parlez donc plus d'eux, et ils ne seront plus. Le jour où le Juif ne sera qu'un homme comme nous, il sera notre frère.

Et la tactique s'indique, absolument opposée. Ouvrir les bras tout grands, réaliser socialement l'égalité reconnue par le Code. Embrasser les Juifs, pour les absorber et les confondre en nous. Nous enrichir de leurs qualités, puisqu'ils en ont. Faire cesser la guerre des races en mêlant les races. Pousser aux mariages, remettre aux enfants le soin de réconcilier les pères. Et là seulement est l'œuvre d'unité, l'œuvre humaine et libératrice.

18.

* * *

L'antisémitisme, dans les pays où il a une réelle importance, n'est jamais que l'arme d'un parti politique ou le résultat d'une situation économique grave.

Mais, en France, où il n'est pas vrai que les Juifs, comme on veut nous en convaincre, soient les maîtres absolus du pouvoir et de l'argent, l'antisémitisme reste une chose en l'air, sans racines aucunes dans le peuple. Il a fallu, pour créer une apparence de mouvement, qui n'est au fond que du tapage, la passion de quelques cerveaux fumeux, où se débat un louche catholicisme de sectaires, poursuivant jusque dans les Rothschild, par un abus de littérature, les descendants du Judas qui a livré et crucifié son Dieu. Et j'ajoute que le besoin d'un terrain de vacarme, la rage de se faire lire et de conquérir une notoriété retentissante, n'ont certainement pas été étrangers à cet allumage et à cet entretien public de bûchers, dont les flammes sont heureusement de simple décor.

Aussi quel échec lamentable ! Quoi ? depuis de si longs mois, tant d'injures, tant de délations, des Juifs dénoncés chaque jour comme des voleurs et des assassins, des chrétiens même dont on fait des Juifs quand on les veut atteindre, tout le monde juif, traqué, insulté, condamné! Et, au demeurant, rien que du bruit, de vilaines paroles, des passions basses étalées, mais pas un acte, pas un coin de foule ameuté, ni un crâne fendu, ni une vitre cassée! Faut-il que notre petit peuple de France soit un bon peuple, et sage, et honnête, pour ne pas écouter ces appels quotidiens à la guerre civile, pour garder sa raison, au milieu de ces excitations abominables, cette demande journalière du sang d'un Juif! Ce n'est plus d'un prêtre que le journal déjeune chaque matin, mais d'un Juif, le plus gras, le plus fleuri qu'on puisse trouver. Déjeuner aussi médiocre que l'autre, et pour le moins aussi sot. Et, de tout cela, il ne reste que la laideur de la besogne, la plus folle et la plus exécrable qui soit à faire, la plus inutile aussi, heureusement, puisque les passants de la rue ne tournent même pas la tête, laissant les énergumènes se débattre comme des diables dans de louches bénitiers.

L'extraordinaire est qu'ils affectent la prétention de faire une œuvre indispensable et saine. Ah! les pauvres gens, comme je les plains, s'ils sont sincères! Quel épouvantable document ils vont laisser sur eux : cet amas d'erreurs, de mensonges, de furieuse envie, de démence exagérée, qu'ils entassent quotidiennement ! Quand un critique voudra descendre dans ce bourbier, il reculera d'horreur, en constatant qu'il n'y a eu là que passion religieuse et qu'intelligence déséquilibrée. Et c'est au pilori de l'histoire qu'on les clouera, ainsi que des malfaiteurs sociaux, dont les crimes n'ont avorté que grâce aux conditions de rare aveuglement dans lesquelles ils les ont commis.

Car là est ma continuelle stupeur, qu'un tel retour de fanatisme, qu'une telle tentative de guerre religieuse, ait pu se produire à notre époque, dans notre grand Paris, au milieu de notre bon peuple. Et cela dans nos temps de démocratie, d'universelle tolérance, lorsqu'un immense mouvement se déclare de partout vers l'égalité, la fraternité et la justice ! Nous en sommes à détruire les frontières, à rêver la communauté des peuples, à réunir des congrès de religions pour que les prêtres de tous les cultes s'embrassent, à nous sentir tous frères par la douleur, à vouloir tous nous sauver de la misère de vivre, en élevant un autel unique à la pitié humaine ! Et il y a là une poignée de fous, d'imbéciles ou d'habiles, qui nous crient chaque matin : « Tuons les Juifs, mangeons les Juifs, massacrons, exterminons, retournons aux bûchers et aux dragonnades ! » Voilà qui est bien choisir son moment ! Et rien ne serait plus bête, si rien n'était plus abominable !

*
* *

Qu'il y ait, entre les mains de quelques Juifs, un accaparement douloureux de la richesse, c'est là un fait certain. Mais le même accaparement existe chez des catholiques et chez des protestants. Exploiter les révoltes populaires en les mettant au service d'une passion religieuse, jeter surtout le juif en pâture aux revendications des déshérités, sous le prétexte d'y jeter l'homme d'argent, il y a là un socialisme hypocrite et menteur, qu'il faut dénoncer, qu'il faut flétrir. Si, un jour, la loi du travail se formule pour la vérité et pour le bonheur, elle recréera l'humanité entière ; et peu importera qu'on soit Juif ou qu'on soit chrétien, car les comptes à rendre seront les mêmes, et les mêmes aussi les nouveaux droits et les nouveaux devoirs.

Ah ! cette unité humaine, à laquelle nous devons tous nous efforcer de croire, si nous voulons avoir le courage de vivre, et garder dans la lutte quelque espérance au cœur ! C'est le cri, confus encore, mais qui peu à peu va se dégager, s'enfler, monter de tous les peuples, affamés de vérité, de justice et de paix. Désarmons nos haines, aimons-nous dans nos villes, aimons-nous par-dessus les frontières, travaillons à fondre les races en une seule famille enfin heureuse ! Et mettons qu'il faudra des mille ans, mais croyons quand même à la réalisation finale de l'amour, pour commencer du moins à nous aimer aujourd'hui autant que la misère des temps actuels nous le permettra. Et laissons les fous, et laissons les méchants retourner à la barbarie des forêts, ceux qui s'imaginent faire de la justice à coups de couteau.

Que Jésus dise donc à ses fidèles exaspérés qu'il a pardonné aux Juifs et qu'ils sont des hommes !

DÉPOPULATION

DÉPOPULATION

Voici une dizaine d'années que je suis hanté par l'idée d'un roman, dont je n'écrirai sans doute jamais la première page.

Dans mon amour de la vie, du flot incessant et débordant de vie que charrient les veines du monde, dans ma passion du travail, de la puissance et de la fécondité, j'ai souvent pensé à tout ce que la nature insoucieuse, trop riche pour compter, perdait en chemin de semences et de germes. De toutes parts, la vie pullule, s'épand en myriades d'êtres, dont la matière frémit et s'anime. Chacun de nos pas écrase des millions d'organismes vivants, nous ne sommes nous-mêmes qu'un champ de fermentation où la vie enfante, en son labeur continu. Et qu'on réfléchisse pourtant à l'incroyable gaspillage, à toute la vie qui se perd, qui avorte, qui se détruit avant d'être, au milieu de l'éternelle lutte des éléments.

Des graines innombrables que la plante et l'arbre confient au vent, combien seront détruites en chemin, tomberont à la pourriture des fleuves ou à la sécheresse des rochers, iront se dessécher ou se corrompre dans quelque mauvais sol? Des œufs en quantité prodigieuse que le poisson dépose au fond des eaux, combien seront balayés par la tempête, anéantis par des massacres et des catastrophes? De toutes les couvées d'un printemps, de toutes les portées des libres bêtes des plaines et des bois, combien seront réduites par l'accident ou la bataille, comme si la mort voulait faire sa part avant la vie, toute une hécatombe prélevée sur les êtres, avant qu'ils naissent à la lumière? Ce sont les frais d'ébauche, d'essayage, les pertes de toute grande besogne, quitte à refondre les miettes tombées, à les reprendre et à en refaire plus tard d'autres œuvres.

Et, quand on arrive à l'humanité, les mêmes pertes se constatent, un extraordinaire gaspillage de la semence, le meilleur de la graine humaine jeté au vent, noyé dans les eaux, dispersé sur les roches infécondes. Mais, ici, ce n'est plus seulement l'insouciante largesse de la bonne nature qui se sait trop riche pour être ruinée jamais. Il y a raisonnement, volonté, et souvent c'est la débauche, et souvent c'est le crime, et dès lors le plus admirable sujet d'étude s'évoque, toutes les comédies, tous les drames qui sèment ainsi au néant la semence auguste des hommes, de même qu'un semeur assassin tuerait dans son germe le blé qui fait vivre, en le jetant à un champ de cailloux.

Mon roman se serait appelé *le Déchet*, et j'y voyais une fresque immense, tout ce qu'une ville comme Paris tue de germes, dévore d'êtres à naître, consomme d'avortements, pour être ce qu'elle est, le foyer toujours flambant de la vie de demain. On ne se doute pas des tragédies de la natalité; il y a là des dessous exécrables, un noir lac souterrain coulant au néant. Et rien ne me semblait plus vaste, plus grand, plus honnête, qu'un tel poème, où j'aurais plaidé les droits à la vie, avec toute la passion que je puis avoir dans le cœur. Mais il y faudrait un effort dont je ne suis plus capable peut-être, et il se trouverait sans doute des imbéciles pour déclarer qu'un tel sujet est bien digne de l'auteur malpropre qui a écrit *la Terre*. Ah! les pauvres gens!

* * *

Il n'en est pas moins vrai que le cri d'alarme poussé en ce moment, au sujet de la dépopulation, vient de réveiller en moi mon ancienne idée. Ce cri, il retentit à chaque recensement nouveau, lorsque la statistique constate que la population en France n'augmente plus que dans des proportions sans cesse déclinantes, qui font prévoir le jour prochain où elle diminuera. Et, pour huit jours, le patriotisme s'inquiète, se lamente, clame que la patrie est en danger, puisqu'elle s'en va d'épuisement et qu'elle est menacée de mourir sur place. On répète avec raison que l'avenir est aux nations fécondes. Puis, tout se calme, et nos femmes ne font pas plus d'enfants qu'auparavant.

Cette fois, pourtant, un fait s'est produit, une ligue s'est formée : « l'Alliance nationale pour le relèvement de la population française ». On en peut sourire, l'intention n'en est pas moins excellente. La centaine de personnes qui se sont dérangées, pour assister à la première séance de la ligue, ont fait preuve d'une bonne volonté dont il faut leur tenir grand compte. Ce n'est pas qu'on ait travaillé très utilement, dans cette séance, car il ne s'y est guère répété que les choses sues de tout le monde sur les causes de la dépopulation : l'alcoolisme, la désertion des campagnes, la vie trop chère, surtout le calcul égoïste des familles limitant le nombre d'enfants, pour leur assurer la vie confortable qu'on s'imagine leur devoir. Mais une agitation peut s'ensuivre, et comme il y a là, avant tout, une question de mœurs, je crois qu'on ne peut transformer les fâcheuses conditions existantes qu'en leur opposant, par la parole, par le journal, par le livre, d'autres conditions, l'idéal de mœurs nouvelles qui favoriseraient l'éclosion de familles nombreuses.

Ainsi, la ligue s'est occupée surtout des réformes fiscales, en paraissant convaincue que, si l'on arrivait à dégrever les pères chargés de beaucoup d'enfants, on aiderait puissamment à la repopulation. Hélas! un peu moins, un peu plus de justice dans l'impôt, je ne pense pas que cela suffise. Comme on l'a dit, la vie resterait quand même très chère, et c'est le prix de la vie qu'il s'agirait de diminuer de moitié, si l'on voulait qu'un père se donnât le luxe de doubler le nombre de ses enfants. Mais est-ce possible? La vie va toujours en renchérissant, il y a là un phénomène économique qui tient à de profondes causes sociales, qu'on ne pourrait détruire sans une révolution violente. Et c'est pourquoi, les législateurs me paraissant être sans force, je voudrais qu'on confiât la tâche aux moralistes, aux écrivains, aux poètes.

Remarquez que, dans cette limitation de la famille, il y a certainement une part de mode et de bon ton. Lorsque, sur un trottoir, on rencontre une mère suivie de deux ou trois garçons et d'autant de filles, on rit. Cela semble comique, presque inconvenant. Il n'y a que les animaux pour se reproduire de la sorte. Je verrai toujours la grimace d'une jeune et jolie dame, de ma connaissance, dans un village de Bretagne, où les enfants pullulaient. Elle en rougissait de honte, comme si elle eût traversé un mauvais lieu. Et j'imagine que tout changerait, si l'on persuadait à nos jeunes et jolies dames que rien n'est beau, que rien n'est fort comme les nombreuses familles. Sans doute, les conditions de la vie resteraient quand même aussi rigoureuses pour les pères, qui auraient à nourrir le troupeau. Mais est-ce que l'idée de beauté n'est pas toujours victorieuse, et, si la beauté était mise à avoir beaucoup d'enfants, si la fécondité ennoblissait, est-ce que, de toutes parts, nous ne verrions pas se multiplier les naissances? On souffrirait, on lutterait, on finirait bien par s'accommoder au nouvel idéal social, pour être fort, pour être beau.

* * *

Je ne voudrais pas, dans le cas actuel, donner à la philosophie et à la littérature de ces derniers cinquante ans une influence néfaste exagérée. Mais, en vérité, examinez le dossier, jugez le procès.

C'est d'abord, pour ne pas remonter davantage, Schopenhauer avec sa théorie de la douleur de vivre, sa haine de la vie qu'il poursuit dans la femme et dans l'amour. Et toute sa descendance va renchérir, les pessimistes, les désabusés, les amoureux du néant. Donner la vie à un être devient un crime. On n'a pas le droit de mettre au jour une créature fatalement vouée à la souffrance, et le sage est celui qui ne procrée plus, qui rêve la fin de la vie, par la grève de toutes les forces génératrices. La doctrine, d'une grandeur sauvage, est d'ailleurs rapetissée, abêtie, à ce point qu'elle devient le lieu commun de tous les sots et l'excuse de tous les débauchés.

Puis, c'est le génie qui s'en mêle, c'est Wagner qui exalte la virginité, le renoncement, qui met le sublime dans la pureté immaculée et inféconde. Si Tristan et Yseult s'adorent de la passion la plus dévorante dont on ait jamais noté les cris, ils n'en meurent pas moins avant de s'être appartenu et d'avoir enfanté. Et, à part ces deux-là, quelle suite de héros et d'héroïnes chevauchant des cygnes, portant des palmes, buvant à la mort de l'amour dans des calices mystiques ! Ah ! comme Élisabeth me chagrine, et quelle joie si Tannhauser retournait faire un enfant à Vénus ! Partout, dans cette musique de géant, l'amour est traqué, condamné, présenté ainsi qu'une faute et une douleur, au nom de je ne sais quel idéal louche. Mort à l'enfant !

Et, si l'on descend à nos petits Schopenhauer, à nos petits Wagner, à toute la littérature née chez nous de leur influence, on trouve les essoufflés, les dégénérés, les impuissants qui nous encombrent depuis des années. Je fais la part des talents très vigoureux qui se sont produits ; mais n'est-il pas évident qu'un vent de stérilité souffle, et que, dans notre littérature aussi, on ne fait plus d'enfants ? L'éternel adultère y règne en maître, et le pis est qu'il est infécond ; car, si l'amant, au lieu du mari, fécondait la femme, ça compterait tout de même, pour la bonne nature; mais l'enfant n'apparaît presque jamais, parce qu'il est encombrant et sans élégance; l'enfant a cessé d'être littéraire. Et, pourtant, tout amour qui n'a pas l'enfant pour but n'est au fond qu'une débauche, fort aimable, j'en conviens, lorsque la jeunesse et la beauté sont de la partie.

Puis, si, plus bas encore, nous descendons de nos romans de psychologie mondaine, où il y a parfois tant de talent, aux étranges et dernières floraisons de notre littérature, à ce qu'on a nommé l'école décadente et l'école symbolique, nous ne trouvons plus alors que la guerre à l'amour, à l'amour sain et loyal, qui procrée, et qui s'en vante. C'est le flot des femmes insexuées, minces comme des perches, sans aucun des organes qui font la femme mère et nourrice. Des vierges informulées flottent dans des limbes crépusculaires. Et ce sont aussi, du côté des hommes, de pâles éphèbes qu'on peut prendre pour des filles, et qu'on prend pour des filles. L'enfant est grossier, malpropre, honteux comme un attentat à l'intellectualité des amants. On ne se féconde plus que cérébralement, on n'enfante plus que par le commerce des âmes. On se permet tout de l'amour, excepté l'acte naturel pour lequel l'amour est fait. Mort à la vie, et que la semence humaine soit jetée au vent, pour que le vent la disperse, inutile et méprisée !

Comment diable voulez-vous qu'avec des couples pareils la patrie française puisse voir s'acccroître le nombre de ses petits citoyens ? Il est certain que, si, réellement, la littérature a une influence sur les mœurs, rien ne saurait aider davantage à la dépopulation que toutes ces œuvres littéraires et artistiques qui exaltent la femme inféconde, qui méprisent le mâle solide et puissant. Les grands blés nourrisseurs sont coupés, ce sont des champs de lis qui empoisonnent le monde. Et le pis est que la mode s'en est mêlée, qu'on va à je ne sais quelle faillite de notre belle santé gauloise, de notre bonhomie et de notre fécondité, pour le plaisir d'être des sots intellectuels, coupeurs de cheveux en quatre et analystes des ténèbres de l'invisible.

J'entends bien que les socialistes internationaux se désintéressent de la question. La natalité diminue en France ; qu'importe, si elle augmente autre part ? Pour qui espère voir bientôt les frontières disparaître, l'humanité ne faire plus qu'un peuple, qu'importe que ce soit ici, ou plus loin, que se déclare un arrêt dans les naisssances? Ce n'est là que le flux et le reflux de l'histoire, un résultat prévu des raisons multiples qui, jusqu'à cette heure, ont fait la grandeur, puis le déclin des nations. Si la France devait mourir, elle mourrait comme tout ce qui est mortel meurt de mort naturelle, d'épuisement, lorsque la vieillesse est venue. Et, pour les internationaux, aux vues élargies et séculaires, elle retournerait dans le grand tout, qui est l'humanité.

Alors, si l'on se place à cette hauteur, dans le temps et dans l'espace, par-dessus les patries, la question n'est plus de savoir si la natalité d'un peuple diminue, mais si le chiffre total des créatures humaines sur le globe s'élève ou s'abaisse. On peut aimer la vie jusqu'à s'intéresser à son expansion totale. Et que de problèmes se dressent ensuite : la loi de la lutte pour l'existence qui ravagerait, décimerait quand même ce peuple unique, la loi de fer qui veut que la production soit toujours en raison directe de la consommation, la loi d'amour elle-même, créatrice des inégalités, qui choisit et combat. Ah ! l'espoir qui nous fait vivre, le bonheur qu'on nous promet, dans combien de siècles ?

Nous n'y sommes pas, ce n'est pas demain que les frontières disparaîtront, et le plus sage est donc de vivre chez soi, pour soi, puisque l'idée de patrie est encore le levier nécessaire qui soulève les cœurs, qui enflamme les courages. O mères françaises, faites donc des enfants, pour que la France garde son rang, sa force et sa prospérité, car il est nécessaire au salut du monde que la France vive, elle d'où est partie l'émancipation humaine, elle d'où partiront toute vérité et toute justice ! Si elle doit un jour ne faire plus qu'une avec l'humanité, ce sera comme la mer où tous les fleuves viennent se perdre.

Et je voudrais, chez elle, que le déchet de la vie cessât, que la vie fût adorée comme la bonne déesse, l'immortelle, celle qui donne l'éternelle victoire. Et je voudrais qu'elle eût une littérature puissante et naturelle, virile et saine, d'une honnêteté qui brave les choses et les mots, remettant en honneur l'amour qui enfante, créant de vastes monuments de solidité et de paix, pour le flot débordant des générations futures. Et je voudrais que toute une société nouvelle en sortît, de braves hommes, de braves femmes, des ménages ayant chacun douze enfants, pour crier la joie humaine à la face du soleil.

ENFIN COURONNE

ENFIN COURONNÉ

Personne n'ignore que mon ambition est sans frein et que, sur le tard de ma vie, je me suis mis à désirer follement les grandeurs.

Les profonds psychologues du journalisme ont parfaitement vu cela, car rien ne leur échappe, ils ont la compréhension philosophique et pénétrante. Aussi, depuis quelques années, notent-ils avec un rare bonheur les mille bassesses auxquelles je me livre pour décrocher les honneurs officiels. On me représente la corde au cou, avec un cierge expiatoire à la main, on me montre dans tous les escaliers, dans toutes les antichambres, usant les paillassons et les cordons de sonnette, me courbant si bas que j'en ai contracté un lumbago chronique.

Ah! les malins, ils m'ont donc vu? Que voulez-vous, il faut bien avouer, lorsque les gens ont une intelligence qui perce les murailles!

Et je sens qu'il est inutile que je nie davantage, car la chose est enfin publique : je viens de représenter un ministre, et l'on m'a décerné un diplôme d'honneur.

＊＊

C'est à la quarante-quatrième séance tenue par la Société protectrice des Animaux, au Cirque d'hiver, pour la distribution de ses récompenses, que la chose a eu lieu.

J'entends bien quel est mon nouveau crime. Comment! voilà qu'il se met à aimer les bêtes! Il ne lui manquait plus que ce ridicule. Faut-il qu'il soit tombé bas, pour en arriver à feindre aujourd'hui d'aimer les bêtes, dans l'unique but de déchaîner la réclame sur son nom, au moment où l'on met en vente un roman de lui! S'il aimait vraiment les bêtes, on le saurait.

Et c'est très vrai, cela, on ne savait pas que j'aimais les bêtes. O gloire des lettres, ô livres que nous lançons par milliers d'exemplaires et que nous croyons lus, et biens lus de tous! Quelle leçon de modestie, lorsqu'un beau matin, après avoir dans plus de vingt volumes parlé des bêtes avec une tendresse fraternelle, mis des bêtes en scène ainsi que des sœurs préférées, donné à la bête la place la plus large à côté de l'homme, on voit les gens s'étonner et se récrier, parce qu'ils apprennent tout d'un coup que vous les aimez !

Un jour que tout sujet d'actualité me manque, je me décide à écrire mon article du *Figaro* sur l'amour des bêtes. Je ne le faisais qu'avec une certaine inquiétude, craignant de ne pas intéresser, d'écrire là un de ces articles neutres, comme il nous arrive d'en écrire trop souvent. Et j'ai été stupéfait du résultat, plus de deux cents lettres me sont arrivées, et non seulement de la France, mais de tous les pays du monde. Depuis bientôt six mois que je collabore à ce journal, c'est de beaucoup celui de mes articles qui a remué le plus les cœurs, qui a soulevé le plus de passion. On ne s'imagine pas l'écho que cet amour des bêtes a dans certaines âmes, et des effusions, et des supplications, et des projets de soulagement, et toute une fraternité militante. C'est en vérité prodigieux et attendrissant.

Mais ce qui m'a stupéfié davantage, ce sont des lettres de belles dames qui, en des termes à peine différents, disaient toutes à peu près ceci : « Comment ! vous aimez les bêtes, monsieur ! mais alors vous êtes un brave homme ! Et moi qui vous accusais de tous les crimes, à la suite de ce qu'on m'avait dit de vos livres et de vous ! Dans celles de vos pages que j'avais lues, je vous trouvais si noir, si terrible ! Mais c'est fini, je ne vous attaquerai plus, je vous défendrai, maintenant que je vous sais bon pour nos chères bêtes. » Et une de ces lettres concluait ainsi : « Votre article a plus fait pour vous gagner les femmes, que vos trente années de littérature. »

Dans vingt volumes, parlez donc en frère des bêtes ! tirez donc à cent mille ! soyez donc lu sur les deux faces du globe ! Et, un beau jour, un simple article de journal révélera au monde que vous aimez les bêtes !

* * *

Lundi dernier, à la séance annuelle de la Société protectrice des Animaux, les choses se sont donc passées de la façon la plus cordiale et la plus touchante. On y est en famille, il n'y avait là que des sociétaires et des parents amenés par eux, près de quatre mille personnes, m'a-t-on dit.

Le distingué président, M. Uhrich, qui a lutté si vaillamment pour éviter à la France l'abomination des courses de taureaux, a laissé échapper le mot de courage, en me remerciant d'être venu. On est spirituel en France, surtout dans nos journaux parisiens; et il paraît qu'aimer les animaux, s'occuper d'eux, les défendre, est un sujet de plaisanteries faciles. Quoi de plus drôle que les vieilles filles avec leurs troupeaux de chats, que le monsieur tyrannisé par son chien, le descendant et le veillant dans la rue, pendant qu'il y fait ses petites affaires, que le passant au cœur trop fraternel qui se gourme avec un charretier, parce que celui-ci a battu quelque vieux cheval poussif? Alors, pour ne pas être plaisanté, si par exemple on aime les serins, le mieux est de les aimer chez soi, en leur donnant du colifichet et du mouron bien frais, sans aller manifester bruyamment cette tendresse au dehors.

Je ne savais pas faire preuve de vaillance, car la cause des bêtes pour moi est plus haute, intimement liée à la cause des hommes, à ce point que toute amélioration dans nos rapports avec l'animalité doit marquer à coup sûr un progrès dans le bonheur humain. Si tous les hommes doivent être heureux un jour sur la terre, soyez convaincus que toutes les bêtes seront heureuses avec eux. Notre sort commun devant la douleur ne saurait être séparé, c'est la vie universelle qu'il s'agit de sauver du plus de souffrance possible. Et ce que j'ai vu, au Cirque d'hiver, loin de me faire sourire, m'a profondément touché, car cela m'a paru à la fois très simple, très tendre, et d'un bon exemple admirable.

Douze cent douze lauréats, des diplômes, des médailles d'or, d'argent et de bronze, des mentions honorables, sans doute c'est beaucoup ; et heureusement que tous les lauréats ne viennent pas se faire couronner. Mais ils seraient douze mille que le résultat serait plus louable encore, puisque ce sont uniquement là des récompenses de propagande, une façon d'encourager nos bons sentiments humains en faveur de nos petites sœurs les bêtes. La Société protectrice des Animaux est bien forcée d'user du seul moyen d'action dont elle dispose, la médaille qui distingue le juste, qui le donne en modèle. Sans doute, le ferment de la vanité est au fond ; mais on n'a pas encore trouvé la façon d'agir autrement sur les hommes. Et si l'on savait la joie dont on comble un humble, le jour où il est publiquement récompensé, au son de la musique !

Des humbles, je n'ai guère vu que des humbles monter sur l'estrade. Par une aimable politique, la Société veut bien décerner quelques prix aux écrivains qui ont publié un article ou un livre où les bêtes sont aimées, aux journaux surtout dont l'appui lui est si nécessaire dans ses campagnes de protection. Mais ses lauréats tout indiqués sont les humbles, les humbles qui sont en continuel contact avec les bêtes, qui vivent d'elles et avec elles, qui sont les maîtres de les défendre ou de les faire souffrir davantage. Et voici les instituteurs, qui par leurs leçons journalières peuvent agir si heureusement sur le cœur et la raison des enfants des campagnes; voici les cochers, les charretiers qui règnent, le fouet en main, sur le peuple des chevaux; voici les valets de ferme, les bergers, les éleveurs, tous ceux qui passent leurs jours avec les troupeaux innombrables du bétail; voici l'armée à son tour, les maréchaux ferrants, les cavaliers du train et des autres corps, parmi lesquels le cheval trouve des frères ou des bourreaux; et voici les sapeurs-pompiers, qui ont sauvé des bêtes dans des incendies ou des catastrophes; et voici les gardiens de la paix, qui ont dressé des contraventions contre les délinquants, coupables de s'être mis sous le coup de la loi Grammont.

Si vous aviez vu les rudes faces s'éclairer d'un sourire ! On peut en plaisanter. Mais celui-ci a vingt-cinq ans de service, et il n'a jamais battu un animal ; cet autre a soigné son cheval comme son frère, l'a sauvé d'un cas mortel ; cet autre a tiré deux chevaux d'une basse-fosse, où ils se noyaient ; cet autre a été un bon cocher, dans notre enfer de Paris, où les bêtes travailleuses tombent sous les coups ; cet autre a veillé à la conservation des nids, contre la méchanceté humaine. Et il faut entendre les applaudissements qui éclatent, cette assemblée de quatre mille spectateurs qui se passionnent et rayonnent de joie ! De très braves gens en somme, qui ne font du mal à personne et qui, au contraire, font du bien. Cela repose.

Mais la reine de la fête a été une jeune bergère de seize ans, Mlle Camille Camelin, de Trion (Yonne), qui, au péril de sa vie, a sauvé son troupeau, en se battant contre un loup. Toute la salle l'a acclamée, et c'est moi qui lui ai remis sa médaille, ce dont je ne suis pas peu fier.

*   *
*

Ah ! chères bêtes, c'est donc vous qui aurez satisfait mon insatiable ambition, en me donnant, pour la première fois de ma vie, l'occasion flatteuse de représenter un ministre dans une solennité publique ! Et c'est vous, et non les hommes, que je veux remercier.

Merci donc, chères bêtes de mon cœur et de mon imagination, vous toutes dont j'ai peuplé mes livres. Vous êtes de ma famille, je vous revois galopant à la suite des mille créatures humaines que j'ai mises au monde, et cela me fait plaisir, et je suis content de vous avoir réservé votre place dans l'arche immense.

Merci à toute la basse-cour pullulante de ma Désirée, qui est de santé si belle et si riante, au milieu de l'enveloppement caresseur de ses bêtes; merci aux lapins, aux poules, aux pigeons, aux canards, aux trois oies et aux deux dindes; et merci au coq Alexandre, d'un rouge doré de flammes, jetant son cri triomphal de fécondité; et merci au petit cochon rose, qui terrifiait tant le jeune abbé Serge.

Merci aux bêtes familiales de mon honnête Pauline, si saine aussi celle-là dans son renoncement héroïque; merci à la Minouche, la chatte délicate et coureuse, rapportant de l'inconnu ses portées débordantes de petits chats; et merci à mon Mathieu, mon grand chien, mon grand frère, qui est mort dans mes bras, comme un homme, et que j'ai fait mourir ainsi dans ceux de mon triste Lazare.

Merci à mes deux héros de la mine, à mes chevaux martyrs, Trompette et Bataille, vivant leur vie dans les ténèbres de la terre, loin de la grosse lampe chaude du soleil, l'un mort à la peine, remonté au jour comme un paquet encombrant, l'autre resté seul, fuyant d'un galop fou devant les eaux dévastatrices, qui l'atteignent et le submergent; et merci au petit lapin blanc, à Pologne, si câlinement couché sur les genoux de Souvarine, qui aime à le caresser, à passer les doigts dans son poil doux, en rêvant le bonheur du monde par le feu et la flamme.

Merci à tous ceux et à toutes celles qui besognent et qui souffrent dans ma « Terre » : au troupeau d'oies de la Trouille, lâché par les chemins comme une tribu errante, ayant son chef, ses coutumes et ses lois ; à mon âne Gédéon que j'ai grisé comme un simple ivrogne, et qui m'a causé tant d'ennuis ; à ma vache la Coliche, dont j'ai voulu que les couches fussent le symbole de la vie immortelle, coulant de l'animalité et de l'humanité, éternellement.

Merci à mes chevaux lamentables et tragiques de « la Débâcle » : mes milliers de chevaux morts, épars sur le champ de bataille, le ventre ballonné, les jambes raidies et en l'air ; mes chevaux agonisants, voulant fuir, se traînant de leurs pieds cassés, mêlés et pris dans leurs entrailles; mes chevaux égarés, perdus, errants par la plaine rouge, et chargeant le vide au milieu des cadavres, comme emportés par un vent frénétique, dans la folie du désastre.

Et merci aux autres, à ceux qu'il serait trop long de citer, aux oiseaux et aux insectes, aux plantes elles-mêmes, à mon Paradou, qui n'est qu'une grande éclosion, à toutes les semences, à tous les germes, à la vie que j'ai aimée dans son plus humble frisson, à la vie dont ma seule ambition a été d'écrire l'immense poème, quitte à lui sacrifier les choses admises et sacrées, le goût de notre sage littérature, l'estime des gens prudes, qui ne peuvent admettre qu'on accepte tout et qu'on dise tout, pour la gloire de la vie.

Et non seulement, chères bêtes, je vous dois d'avoir représenté un ministre sur une estrade, mais c'est vous seules encore qui m'avez, sur cette même estrade, fait décerner un diplôme d'honneur.

Ah! bêtes justes, bêtes consolatrices, qui pansez les blessures faites par les hommes! bêtes, qui, dans l'innocence de votre instinct, savez distinguer le vrai mérite et vous montrer douces aux faiblesses des ambitieux ! bêtes, qui, sans vous mêler de juger la littérature, recueillez, par simple bonté d'âme, le candidat en détresse ! bêtes, mes sœurs, voilà donc que vous avez comblé mon orgueil ! Enfin couronné !

LES DROITS DU ROMANCIER

LES DROITS DU ROMANCIER

Donc le monsieur est venu qui devait, pour *Rome*, m'accuser de plagiat. J'attendais le monsieur, il était inévitable. A quoi bon le nommer ? Il est l'envie et l'impuissance, le médiocre gratteur de papier que gênent les forts, le rat de bibliothèque qui tâche d'entamer les féconds. Si ce n'était lui, ce serait un autre. Il a nom mauvaise foi ou bêtise. Laissons-le à son néant.

Ah ! nuire pour le plaisir de nuire, baver sur une œuvre pour la joie de la souiller ! Se dire : « Toi, tu es illustre, tu te vends, tu m'embêtes ! Je vais te salir, et quelle danse de cannibales si tu en crevais ! » Ne pas même avoir dans le cœur quelque belle passion injuste de penseur et d'artiste, mais s'attaquer à un livre, bassement, salement, en cuistre qui s'attarde à la vermine des lions ! Et se faire assassin, saisir l'occasion, choisir l'heure, se poster au coin du bois littéraire, pour attendre son homme et lui planter un couteau dans le dos, le jour où l'on croit que la blessure est bien empoisonnée et mortelle !

Tel est le joli rôle du monsieur. Heureusement, si l'intention assassine y est bien, ce sont là blessures qui font la gloire et la santé des vaillants. Assassinez, assassinez, impuissants et envieux ! cela nous tient en haleine et en joie !

*　*　*

Le monsieur, fort lettré, sortant, je crois, de l'École où l'on sait tout, a donc fait la belle découverte que j'avais lu une compilation sur le Vatican, que j'y avais pris des notes et que je m'étais servi de ces notes en écrivant *Rome*.

Il s'agit d'un très gros et très beau livre, lancé au moment des étrennes par la maison Firmin-Didot. Le titre exact est : *le Vatican, les Papes et la Civilisation*. C'est une œuvre collective, pour laquelle le cardinal Bourret a écrit une préface et M. Melchior de Vogüé, un épilogue. Elle contient d'abord deux excellents travaux de M. Georges Goyau sur l'Histoire de la papauté et sur le Gouvernement central de l'Église, puis une intéressante étude de M. André

Pératé sur les Papes et les Arts, et enfin quelques pages très nourries de M. Paul Fabre sur la Bibliothèque Vaticane. Ces messieurs sont des anciens élèves de notre École de Rome, et l'éditeur qui a eu l'idée de ce luxueux livre de vulgarisation pour les gens du monde, ne pouvait mieux s'adresser. J'ajoute que le volume est plein de belles gravures, plusieurs même en couleurs, ce qui achève d'en faire un magnifique volume de cadeau, le prix d'excellence que nos lycéens de l'avenir sont certains de recevoir.

Et c'est très vrai, j'ai lu avec grand soin le résumé parfait que M. Goyau a donné là de l'Histoire générale de la papauté. Quand le monsieur croit que j'ai aussi utilisé les pages sur le Gouvernement de l'Église, du même auteur, et celles de M. Pératé sur les Papes et les Arts, il se trompe : j'avais beaucoup mieux sur ces matières, et je le dirai tout à l'heure. Mais il est certain que j'aurais difficilement trouvé un résumé meilleur que celui de M. Goyau sur l'Histoire des Papes, et j'ai été heureux de m'en tenir au sien, après en avoir consulté plusieurs autres, qui n'étaient ni si brefs ni si complets.

Me voilà donc forcé de répéter, une fois de plus, quelle est ma méthode de travail. Et j'élargis la question, il ne s'agit pas de moi, mais du romancier en général, qui, comme moi, a l'ambition de tout voir, de tout dire. Le vaste monde est ouvert, il n'est pas de sujet qu'il ne puisse aborder, et il devra dès lors s'occuper d'histoire, de philosophie, de science, il touchera à tous les métiers, il exercera toutes les professions. C'est dire que, selon l'idée que je me fais du roman moderne, le romancier est tenu d'avoir des connaissances universelles. Certes, s'il s'impose l'énorme tâche de vouloir mettre toute l'humanité dans une série d'œuvres, cela lui crée des devoirs écrasants ; mais il faut bien, par contre, que cela lui donne quelques droits, des droits reconnus par le simple bon sens et qui lui facilitent un peu sa formidable besogne. Ces droits du romancier, je les réclame de nouveau aujourd'hui, et impérieusement.

Pour mon compte, ma méthode n'a jamais varié, depuis le premier roman que j'ai écrit. J'admets trois sources d'informations : les livres, qui me donnent le passé ; les témoins, qui me fournissent, soit par des œuvres écrites, soit par la conversation, des documents sur ce qu'ils ont vu ou sur ce qu'ils savent ; et enfin l'observation personnelle, directe, ce qu'on va voir, entendre ou sentir sur place. A chaque nouveau roman, je m'entoure de toute une bibliothèque sur la matière traitée, je fais causer toutes les personnes compétentes que je puis approcher, je voyage, je vais voir les horizons, les gens et les mœurs. S'il existe une quatrième source d'informations, qu'on me la désigne, et vite je courrai m'y abreuver.

Est-il rien de plus indiqué, de plus naturel ? Comment peut-on exiger que je sache tout ? Ce n'est pas ma fonction de tout savoir, à moi romancier; et je la dirai plus loin, ma fonction véritable. De sorte que, lorsque j'aborde un sujet nouveau, je n'ai qu'un parti à prendre, c'est de l'étudier, d'acquérir les connaissances spéciales dont j'ai besoin pour le traiter. Et, encore une fois, il ne s'agit pas d'être un savant, de faire des découvertes, d'épuiser les vérités connues, mais simplement de savoir sur quel terrain on se trouve, pour y bâtir l'hypothèse nouvelle qu'on apporte.

* * *

Songe-t-on à tout ce que j'ai dû remuer, depuis que j'ai écrit le premier épisode de mes « Rougon-Macquart » ? Et comment veut-on que je n'aie vécu que de moi, que je n'aie pas puisé les matériaux d'une telle construction dans tout ce qui m'entourait?

Pour la partie historique de *la Fortune des Rougon*, je me suis adressé au livre de Ténot sur les événements tragiques qui se passèrent dans le Var, en décembre 1851; et je me souviens que ce fut Jules Ferry qui me fournit les notes dont j'avais besoin pour faire vivre, dans *la Curée*, les transformations du Paris du baron Haussmann. Maxime Du Camp me fut utile pour *le Ventre de Paris;* mais il était fort incomplet, je dus moi-même fouiller dans les paperasses des administrations. Et, pour *la Faute de l'abbé Mouret*, quelles recherches parmi les mystiques espagnols, quel emploi quotidien du *Cérémonial des paroisses de campagne*, quelle étude de la messe dans des ouvrages en latin, que j'avais eu toutes les peines du monde à me procurer !

J'abrège, je saute *Son Excellence Eugène Rougon*, dont la partie politique pourtant me cloua pendant de longues heures à la Bibliothèque du Palais-Bourbon, et j'arrive à *l'Assommoir*, pour lequel un livre de M. Denis Poulot, *le Sublime*, me donna quelques notes spéciales. L'auteur, qui avait vécu avec des ouvriers mécaniciens, y racontait des anecdotes vraies, y reproduisait des types, y établissait des statistiques ; et, comme il n'y avait là nulle imagination, nul apport de créateur, j'avais cru pouvoir y prendre quelques faits, comme j'en aurais pris dans une simple relation historique. Le livre contenait même une liste de surnoms usités, où je choisis ceux de Bibi-la-Grillade et de Mes-Bottes, ainsi que je prends sur un almanach les prénoms de mes personnages. — La mort de Coupeau, dans un accès de *delirium tremens*, est la reproduction textuelle d'une observation de chef de clinique, faite à Sainte-Anne.

Sautons encore *Nana* et *Pot-Bouille* — et cependant quels tas de notes de toutes sortes ! — sautons *Au Bonheur des Dames*, pour lequel M. Chauchard me documenta, ainsi que les administrateurs du Bon Marché, et arrivons à *la Joie de vivre*, dont toute la partie spéciale sur les algues et sur la fabrication du bromure me fut donnée par le savant M. Edmond Perrier ; sans parler de la goutte du vieux Chanteau, ni de l'accouchement dramatique de Louise, qu'il m'a bien fallu étudier dans des livres. Et puis, c'est *Germinal*, tout un monde nouveau, toute une science technique, qui a entassé les traités spéciaux autour de moi, qui m'a forcé d'interroger une foule d'ingénieurs. Et puis, après *la Terre*, après *le Rêve*, après *la Bête humaine*, ayant nécessité chacun une enquête différente, c'est *l'Argent*, le livre qui m'a cassé le plus la tête, au milieu de l'amas des documents fournis par des hommes de Bourse, si ahurissants pour moi, que je doute encore d'y avoir compris quelque chose. Et enfin, voici *la Débâcle*, plus de cent ouvrages sur la guerre à dépouiller, tous les rapports des chefs de corps, une véritable bibliothèque qui ne m'a pas quitté, dont j'avais placé les volumes sur une étagère tournante, à côté de ma table de travail, toujours à portée de ma main. Aussi, quel soulagement, lorsque je pus clore la série par *le Docteur Pascal*, pour lequel mon bon ami, le docteur Maurice de Fleury, m'a bâti de toutes pièces le rêve de haute conception médicale que je désirais y mettre !

Des aides, ah ! oui, j'en ai voulu, j'en ai cherché, j'en ai trouvé ! Un de mes très solides et très anciens amis, Frantz Jourdain, qui est architecte, me conseille, dès que j'ai à écrire une page touchant à l'architecture. Henry Céard m'a fourni des notes sur la musique. Un autre de mes vieux et bons amis, Thyébaut, très versé dans les questions de droit et de chicane, me rédige une petite consultation, lorsqu'une affaire de procédure se présente, contrat, vente, testament. Mais c'est surtout des savants et des médecins que j'ai abusé, je n'ai jamais traité une question de science ou abordé une maladie, sans mettre toute la Faculté en branle.

Et j'ai exercé là un droit strict. Je le répète, je ne suis pas un savant, je ne suis pas un historien, je suis un romancier. Tout ce qu'on doit me demander, c'est de partir du connu, d'établir solidement le terrain où j'entends me placer ; et c'est pourquoi je me documente, puisant aux sources indispensables. Ma fonction ne commence qu'ensuite et ma fonction est de faire de la vie, avec tous les éléments que j'ai dû prendre où ils étaient. La question est uniquement de savoir, alors, si j'ai su rassembler sur un sujet tout ce qui flotte dans l'air du temps, si j'ai su d'une main solide choisir et nouer la gerbe, si j'ai su reprendre, et résumer, et recréer les choses et les êtres, à ce point de formuler l'hypothèse de demain, d'annoncer l'avenir. Ai-je donné mon souffle à mes personnages, ai-je enfanté un monde, ai-je mis sous le soleil des êtres de chair et de sang, aussi éternels que l'homme? Si oui, ma tâche est faite, et peu importe où j'ai pris l'argile.

Lorsque Flaubert, après de longs mois d'enragée poursuite, avait enfin réuni tous les documents d'une œuvre, il n'avait plus pour eux qu'un grand mépris. J'ai ce mépris complet, les notes ne sont que des moellons dont un artiste doit disposer à sa guise, le jour où il bâtit son monument. J'use sans remords de l'erreur volontaire, quand elle s'impose, par une nécessité de construction. Et je n'ai pour but que la vie, je ne tiens à la vérité que parce qu'elle enfante la vie. Sans doute, c'est là une conception du roman très élargie, et je comprends que les romans plus intimes, l'adultère, l'aventure romanesque, la simple peinture d'un travers ou d'un vice, ne demandent pas une documentation si avide. On paye son ambition, cela est bien certain. Du reste, si l'indication des sources, dans un roman, était chose usitée, je criblerais volontiers de renvois le bas des pages. Et s'il arrive qu'il reste, dans une page de moi, une ligne d'un confrère, cela prouve simplement que je n'ai pas même l'hypocrisie de noyer l'emprunt, qu'il serait si aisé de faire disparaître.

Quand les maîtres de la Renaissance, les grands producteurs, couvraient de leur enfantement géant des édifices entiers, ils se faisaient aider, ils avaient un peuple d'élèves qui broyaient les couleurs, préparaient les besognes premières, — et c'est pour cela qu'ils étaient des maîtres.

*　*　*

Or, le monsieur, comme victime de mes larcins, n'a trouvé que l'unique M. Goyau. Vraiment, c'est peu, j'attendais mieux d'un Éliacin de cette École où l'on sait tout, et où, lorsqu'on affecte de ne pas savoir, c'est qu'on rougit de savoir tout. Il me chagrine, le monsieur, car il vient de faire bien du tort à ses connaissances. Allons, puisqu'il le faut, je vais le mettre sur la voie : voici quelques-uns des livres qui m'ont aidé à bâtir *Rome*.

D'abord, un gros livre, *le Socialisme catholique*, de M. Nitti, un ouvrage italien, dont la traduction française a paru au moment où je me mettais au travail. C'est une étude très remarquable, très complète, où j'ai pris presque tout entier le livre de mon abbé Pierre ; et il est très possible qu'on trouve, dans ce livre, des bouts de phrase de la traduction française, car je n'ai pas même pris le soin d'en purger mes pages.

Je n'ai fait que résumer, coordonner et recréer.

Puis, sur cette question du socialisme catholique, voici une série d'ouvrages, que j'ai consultés avec fruit : *le Siècle et l'Église*, conférences et discours de Mgr Ireland ; — *le Cardinal Manning*, par l'abbé J. Lemire ; — *l'Église catholique et la Liberté aux États-Unis*, par le vicomte de Meaux ; — *le Pape, les Catholiques et la Question sociale*, par Léon Grégoire ; — *le Socialisme contemporain*, par l'abbé Winterer. — Je suis obligé de me borner, il y a sur la matière des œuvres sans nombre.

Mais une autre source quotidiennement consultée, où j'ai trouvé de véritables trésors d'informations, est un livre signé Félix Grimaldi, et dont voici le titre : *les Congrégations romaines, guide historique et pratique*. Sans lui, je me serais certainement perdu dans le dédale de la curie romaine. Je crois qu'on chercherait vainement à se le procurer à Paris, bien qu'il soit écrit en français. Il a été imprimé à Sienne, en 1890, à l'imprimerie San Bernardino ; et, quoique l'auteur soit un prélat distingué, la congrégation de l'Index l'a immédiatement poursuivi et condamné, pour cause d'indiscrétion sur les rouages intimes de l'administration papale, qui doivent fonctionner dans le silence et l'ombre.

J'ajoute que je soupçonne fort M. Goyau de l'avoir attentivement lu avant moi, lorsqu'il a écrit son étude sur le Gouvernement central de l'Église, qui n'en est qu'un résumé plus net et plus élégant.

Ici, il me faudrait une colonne de ce journal pour citer seulement les ouvrages sur la Rome papale : *le Conclave de Léon XIII*, par Raphaël de Cesare, plein d'intéressants détails ; — *Vita del sommo pontefice Leone XIII*, de Carlo Marini, excellent résumé ; — *Album illustrato della Vera Roma*, où il y a des portraits et des biographies de cardinaux, qui m'ont beaucoup servi ; — le *Diario romano per l'anno del Signore* 1894, simple almanach, mais qui donne, jour par jour, les cérémonies religieuses dans les quatre cents églises de Rome. Et n'oublions pas l'*Index librorum prohibitorum*, l'édition de 1891, sortant de l'imprimerie de la Propagande, et où j'ai pu étudier les règles, décrets et observations, publiés sous les divers papes et condamnant par catégories les livres coupables. — Je cite aussi toute une collection de mémoires en latin, présentés à la congrégation du Concile, dans des procès en nullité de mariage, mémoires qu'il m'a été très difficile de trouver et qui m'ont permis d'établir l'annulation du mariage religieux de ma Benedetta, sans inventer presque rien.

Maintenant, il faudrait, pour la Rome antique, énumérer autant d'ouvrages. Mais admettons que j'aie lu surtout les très savantes et très littéraires études de M. Gaston Boissier ; et je sais combien cet aveu est désastreux de ma part, car il indique une basse flagornerie de plus, dans mon désir d'entrer à l'Académie. Puis, viendrait une série de volumes sur la Rome italienne, sur l'Italie de Cavour, de Garibaldi et de Victor-Emmanuel : *l'Italie telle qu'elle est,* par Xavier Merlino ; — *Gli avvenimenti di Sicilia,* par Napoleone Colajanni ; — *Rome après* 1870, par Félix Grimaldi ; — *la Société de Rome,* par le comte Paul Vasili. — Et tant d'autres, et les livres si nourris et si spirituels de notre confrère Henry des Houx, et des récits de toutes sortes, et de simples articles de revues, sans oublier une petite brochure de M. Robinet de Cléry : *les Crimes d'empoisonnement,* qui m'a servi pour mes figues empoisonnées.

Voilà, je crois, du travail sur la planche pour le monsieur, s'il veut se livrer à des comparaisons. Et il y en a bien d'autres. Et ce n'est encore là que les documents pris dans les livres ; car, si nous abordions les documents fournis par des témoins, ce que j'appellerai les documents oraux, nous n'en finirions pas. Ainsi, lors de ma troisième visite au Palatin, j'ai eu la chance et l'honneur d'être accompagné par notre grand peintre Hébert et par M. Bernabei, le directeur des fouilles, qui a bien voulu me donner les notes les plus utiles. C'est également avec Hébert que j'ai visité la chapelle Sixtine, les chambres de Raphaël et le musée des Antiques. Mais je m'arrête, il serait certainement indiscret de nommer les ministres qui se sont mis si galamment à ma disposition, les chefs de tous ordres qui ont tenu à me renseigner eux-mêmes, les salons de Rome où j'ai été reçu, tout ce bon vouloir qui m'a permis de faire, en cinq semaines d'acharné travail, la plus vaste des enquêtes.

* * *

Il m'est revenu, autrefois, qu'un de mes amis m'appelait le Requin. Je me suis tâté pour savoir si j'étais blessé ou flatté. J'entends bien, le requin qui suit le navire et qui avale tout. Eh! n'importe! le requin, en somme, c'est flatteur. Oui, oui, j'en suis fier, je veux bien être le requin. Un requin qui avale son époque. C'est mon droit, et, si vraiment je fais cela, ce sera ma gloire. Un grand producteur, un créateur n'a pas d'autre fonction, manger son siècle pour le recréer et en faire de la vie.

En vérité, quand un monsieur formule contre moi une accusation de plagiat, comment voulez-vous que je ne hausse pas les épaules? J'ai déjà passé plus de trente années de mon existence à créer, et les enfants sont là, plus de mille, sortis de moi, et des pages, et des pages, tout un monde de personnages et de faits. Est-ce que je n'ai point assez prouvé ma virilité de créateur d'hommes? Est-ce que ma famille n'est point assez vaste, pour que le rire ne me soulève pas, lorsqu'on m'accuse de voler les enfants des autres?

Allez, allez, petit monsieur, vous pouvez dire que j'ai besoin de tout et que je m'assimile tout; mais vous ne ferez jamais croire à personne que ma nuée d'enfants ne sont pas de moi!

AUTEURS ET ÉDITEURS

AUTEURS ET ÉDITEURS

Avant de traiter à mon tour la question si intéressante soulevée par le procès que M. Paul Bourget avait intenté à son éditeur, M. Lemerre, j'ai voulu attendre que le tribunal se fût prononcé. Il ne me plaisait pas de pouvoir être, un instant, accusé d'avoir voulu peser sur la décision des juges. Mais, maintenant que M. Lemerre a perdu sa cause, me voici libre, j'en puis parler en toute sérénité.

Et, d'ailleurs, ce n'est pas tant la querelle personnelle, entre M. Bourget et M. Lemerre, qui m'intéresse, que le cas général qu'elle pose des rapports entre les auteurs et les éditeurs. La question s'élargit, elle s'étend de l'individu à la communauté, il devient utile de la résumer et d'en tirer la leçon, qui touche aux intérêts de tous les écrivains.

Peut-être mes quatre années de présidence à la Société des Gens de lettres me donnent-elles quelque compétence sur la matière. Et, du reste, je me trouve bien à l'aise pour dire mon entière pensée, car je suis depuis bientôt vingt-cinq ans l'ami tendre et inébranlable de mon éditeur, auquel, pendant ce quart de siècle, je n'ai jamais demandé un compte.

＊

Pour comprendre, il faudrait d'abord remonter au déluge, dire comment les premiers éditeurs ont ouvert boutique, se sont installés marchands de littérature. Je n'ai, ici, ni le temps ni la place de faire une pareille étude. Mais, en gros, on s'explique très bien qu'à une époque où la propriété littéraire n'était pas une propriété, le prix vénal d'un manuscrit se trouvait être d'une appréciation particulièrement difficile. Toutes les lacunes de la loi, toutes les pirateries possibles, rendaient le métier d'éditeur incertain, une guerre souvent de pirate à pirate. Et il faut ajouter que, selon l'esprit du temps, la littérature n'étant pas une profession, un état qui dût faire vivre son homme, mais une récréation intellectuelle, une floraison de hasard et de luxe, l'éditeur ne pouvait être un commerçant comme un autre, spéculant sur une marchandise cotée, pouvant rémunérer le producteur selon des règles fixes. Il cueillait ses fleurs au hasard, quitte à se tromper, et il s'étonnait toujours un peu qu'on voulût lui faire payer les églantines des haies et les coquelicots des blés.

De là, le jeu fatal. Un manuscrit ne vaut pas dix sous ou vaut peut-être cent mille francs. Qui le sait jamais? Longtemps l'éditeur, se fiant à son flair, a donné d'un manuscrit une somme ferme, pour la vie, de sorte qu'il y avait quand même un volé, lui ou l'auteur. Puis, lorsque l'idée est venue de payer à l'auteur un droit fixe par exemplaire, des complications sans nombre sont nées de la difficulté du contrôle. Et toujours est restée à la base cette pensée que le métier d'éditeur n'est pas un métier comme un autre, que l'éditeur court des risques particuliers, qu'il opère sur une marchandise qui, même de nos jours, en est à peine une. Il s'obstine à se croire le bienfaiteur de l'écrivain, tandis que celui-ci l'accuse de vivre de lui, de s'enrichir du meilleur de son cerveau. Et, alors, s'éternise la longue guerre, on échange des coups de canne dans les arrière-boutiques, Balzac entame ses grands procès, les gros mots d'ingrat et de voleur volent par-dessus les comptoirs. C'est la haine séculaire de deux races ennemies.

Certes, les choses ont bien changé, toutes les grandes maisons d'édition de Paris ont maintenant des rapports d'une entière correction commerciale avec leurs auteurs, basés sur une entente de plus en plus nette de la propriété littéraire. Le lointain atavisme de guerre, la continuelle suspicion, née de la difficulté du contrôle, disparaît, devant la parfaite tenue des livres, les opérations au grand jour de ces maisons, qui vendent des volumes comme d'autres vendent des soieries et des dentelles. Et, cependant, l'ancienne façon de comprendre le métier d'éditeur a persisté, puisque voici M. Bourget qui se querelle avec M. Lemerre, puisque voici un procès qui nous révèle les agissements les plus singuliers, tout un cas curieux et typique. Ajoutez que cet éditeur n'est point négligeable, comme tant d'autres qui opèrent dans l'ombre, qu'il a tenu une place importante dans le mouvement des publications contemporaines, qu'il a été en somme une figure et qu'il a joué un rôle.

Ce serait, en vérité, une figure bien intéressante à peindre que celle de M. Lemerre, sincèrement, sans parti pris de dénigrement ni d'éloges. J'ignore s'il avait reçu une instruction et une éducation solides, je ne l'ai rencontré que deux ou trois fois dans ma vie; mais, à chaque rencontre, il m'a paru plus violent qu'instruit et plus content de lui-même que bien élevé. Il est inutile, d'ailleurs, d'être un esprit très lettré pour être un bon éditeur. Je crois même que l'instinct suffit, j'entends l'instinct du livre qui se vendra, de l'opération qui décidera à la longue de la prospérité d'une maison. Et il est très certain que M. Lemerre a fait preuve d'un flair prodigieux, en réalisant une fortune dans des conditions où il semblait que tout autre se serait ruiné. Il faut le revoir, au début, dans la petite boutique du passage Choiseul, n'éditant que quelques volumes de poètes qui paraissaient invendables. Pourtant, sa puissance est partie de là, de ces poètes qui payaient leurs éditions et dont il n'arrivait pas à écouler les livres.

C'est que M. Lemerre ne doutait pas de lui, était bruyant, envahissant, débordant à ses heures d'une rude bonhomie pour ceux qui allaient lui apporter la fortune. Il marcha à son étoile ainsi que tous les instinctifs, il ouvrit une sorte de cénacle dans son arrière-boutique, comme on s'imagine qu'il en existait, jadis, chez les libraires du Palais. Et les poètes affluèrent, les jeunes, les combattants et les triomphants du lendemain. Le plus grand nombre payaient pour être édités, mais ils n'en contractaient pas moins une dette de gratitude envers leur éditeur, de sorte que celui-ci se constituait ainsi une famille, une véritable garde du corps qui, plus tard, devait faire rempart autour de lui. En effet, des amitiés illustres lui sont restées fidèles, et cela prouve la solidité du lien qu'il a su nouer. Mais ce que j'en veux surtout retenir, ce sont les rapports commerciaux qui, dès lors, vont s'établir.

On est en famille. M. Lemerre tutoie ses auteurs, les traite en parents, en petits frères, avec lesquels on ne compte pas. De plus, il a de sa situation une idée énorme. C'est lui qui a enfanté tous ces poètes, tous ces romanciers, car sans lui ils ne seraient sûrement pas, puisqu'il ne les aurait pas édités. Il a créé des collections qui donnent l'immortalité certaine. Il dispose de la littérature, comme on dispose d'une terre conquise. Et, alors, apparaît la question argent. Des comptes, à quoi bon? puisqu'on est en famille. Il donne de l'argent quand on en demande : on réglera plus tard. Ou bien, si l'on tient absolument à savoir si l'on se vend, il crayonne le chiffre à peu près sur un bout de papier. Il n'a de livres que les livres exigés par la loi. A quoi bon encore des livres de tirages et de brochage? puisqu'on est en famille. On vit là en toute bonhomie, en toute honnêteté naturelle. Il exige la confiance de ses auteurs comme un père l'exige de ses enfants, et le jour où une querelle éclatera, il refusera net tout contrôle sérieux, par dignité.

Son honnêteté d'éditeur, telle qu'il l'a toujours comprise, mais elle est certaine! Un vol! oh! grand Dieu! quel affreux mot! il a raison de s'emporter, de taper du poing sur sa poitrine et sur les tables. Ce ne sont pas même des incorrections, ce sont les façons d'être de l'éditeur à l'ancienne mode, convaincu que les auteurs lui doivent tout, qu'il leur donne toujours trop d'argent pour une propriété discutable, que lui seul a couru des périls, puisque lui seul a risqué de l'argent, et que, dès lors, il est bien libre de partager l'argent gagné d'après l'estimation de sa seule conscience.

Et, ici, éclate l'extraordinaire apostrophe, d'un comique si intense, que M⁰ Pouillet, l'avocat de M. Lemerre, a lancée devant le tribunal : « Oh! La Fontaine! oh! grands hommes du dix-septième siècle, qui n'aviez point d'argent!

Oh! pauvre Corneille, qui n'aviez qu'une paire de souliers et qui attendiez, pieds nus, quelquefois, qu'on l'eût raccommodée! Combien vous étiez loin des hommes d'aujourd'hui! » Et c'est bien vrai cela, ô grands hommes qui vous laissiez exploiter! Qu'il est donc désastreux, aujourd'hui, que vous ne soyez plus là, pour qu'un éditeur vous exploite encore!

* * *

Et, maintenant, voici M. Paul Bourget. Je l'ai connu justement à son début lointain déjà, lorsqu'il dut se présenter chez M. Lemerre, timide et frémissant, avec le manuscrit de ses premiers vers à la main. Il venait de rompre bravement avec l'Université, il vivait dans une petite chambre de la rue Guy-Labrosse, passionné de Napoléon, de Stendhal et de Balzac, l'intelligence éveillée et inquiète, les sens ouverts à la vie. Et, depuis, je n'ai pas besoin de dire quel acharné travail, quelles œuvres enfantées, quelle haute loyauté littéraire, quelle existence entière donnée aux lettres, récompensée enfin par une des plus originales et des plus nobles situations dans le roman contemporain!

Et c'est cet écrivain qu'au nom de M. Lemerre,

son client, M° Pouillet va plaisanter et va essayer de salir, par la moins acceptable des plaidoiries. D'abord, apparaît la fameuse théorie, M. Bourget devant tout à M. Lemerre, devenu son ami par reconnaissance et payant cette sainte amitié d'une monstrueuse ingratitude. Puis, M. Bourget est accusé d'être un homme de lucre, de n'avoir pas reculé devant le mensonge et la calomnie pour forcer M. Lemerre à résilier, dans l'unique but de traiter ensuite avec un autre éditeur, qui lui aurait fait des propositions plus avantageuses. Et M. Bourget est ironiquement traité de grand psychologue, et, pour l'achever, on livre le secret de ses correspondances intimes, on lit à l'audience des lettres de lui, méchamment, en comptant bien que cette lecture le déconsidérera et le fâchera avec des amis. En somme, c'est lui le vilain, parce qu'il a voulu voir clair dans de vieux comptes datant de douze années.

Je ne puis entrer ici dans l'exposé complet du procès, qui est d'apparence fort compliquée ; et j'aurais la place de le faire, que je reculerais encore, car il me faudrait parler, au moins incidemment, d'un autre procès en cours entre le *Figaro* et M. Lemerre, ce qui me semblerait incorrect. Mais il est indispensable que je résume l'affaire brièvement, et cela me sera d'autant plus facile, que rien au fond n'était plus clair ni plus juste que la prétention de M. Bourget.

Dans son intimité étroite avec son éditeur, qu'il avait même fini par tutoyer, une série de faits, et particulièrement la publication d'une certaine édition de *Cosmopolis* en Amérique, finirent un beau jour par ébranler son absolue confiance. Les choses traînèrent, car elles étaient particulièrement délicates, et l'on ne passe pas en quelques heures de l'abandon heureux de l'amitié à la certitude d'avoir été trahi. Des explications eurent lieu, et M. Lemerre finit par reconnaître qu'un règlement général des anciens comptes était nécessaire. Donc, dans un nouveau traité, passé en novembre 1895, il fut convenu qu'on arrêterait contradictoirement ce compte, qui portait sur un nombre de quatre cent dix mille exemplaires que M. Lemerre disait avoir tirés des œuvres complètes de M. Bourget, depuis 1883, c'est-à-dire en douze années. L'opération était fort simple, il s'agissait d'établir sur des preuves irréfutables le nombre exact des exemplaires tirés pendant ces douze années, d'en déduire le nombre des exemplaires que l'éditeur avait payés à l'auteur, et d'en arriver ainsi, à l'aide d'une soustraction, au nombre des exemplaires dont il lui devait encore les droits.

Et le procès est né de là, M. Lemerre, au dernier moment, malgré le traité de novembre 1895, ayant empêché d'établir contradictoirement ce nombre des exemplaires tirés, en refusant de communiquer aux mandataires de M. Bourget les pièces dont ceux-ci avaient besoin pour se convaincre, et particulièrement ses livres de tirages et de brochage. Il s'emporta, il déclara que sa dignité ne lui permettait pas de tolérer une pareille enquête, devant l'injurieux soupçon qu'elle précisait. En somme, c'est toujours au fond l'éternelle question du contrôle, la preuve qu'un éditeur devrait faire à l'auteur du nombre exact d'exemplaires qu'il tire et met en vente. Il n'y a pas d'autre querelle. M. Bourget, après tant d'autres, soupçonnant son éditeur de l'avoir trompé sur les chiffres des tirages, a exigé de connaître ces chiffres avec les preuves décisives à l'appui. Et, s'il a traduit M. Lemerre devant le Tribunal de commerce, c'est parce que celui-ci a refusé de lui donner ces preuves, et c'est pour que le tribunal le condamne à les lui donner.

On sait que le tribunal a fait droit à la

demande de M. Bourget, en nommant un arbitre qui, contradictoirement avec les parties, devra procéder à l'établissement du compte, en se faisant communiquer toutes les pièces qui lui sembleront indispensables pour arriver à la vérité complète. Il est donc certain qu'il réclamera les livres de tirages et de brochage; et, si ces livres n'existent pas chez M. Lemerre, comme celui-ci l'a déclaré, il devra au moins fournir les pièces qui lui en tiennent lieu, factures, inventaires, ordres d'entrée et de sortie. De toutes façons, la clarté sera faite.

* * *

Avant de conclure, je voudrais bien dire un mot de Me Pouillet, car, je l'avoue, c'est Me Pouillet qui me stupéfie, dans cette affaire. Il faut y établir très nettement son rôle, écrivains, mes frères, et nous souvenir.

Que Me Pouillet ait tenté de salir M. Bourget en produisant des lettres intimes, en le présentant comme parjure à l'amitié, dévoré par la passion de l'argent, calomniant un vieil ami, un bienfaiteur, par amour du lucre, ce n'est là encore que l'aimable jeu habituel de l'avocat qui plaide sa cause, couvre de boue la partie adverse, uniquement pour innocenter son client. Pourtant, n'oubliez pas que M⁰ Pouillet est en ce moment bâtonnier de l'Ordre, et je m'imaginais qu'un bâtonnier devait avoir certains scrupules, surtout lorsqu'il avait devant lui un maître de la littérature comme M. Bourget, que sa vie de grand labeur et de haute dignité aurait dû mettre à l'abri de si basses injures.

Mais laissons le bâtonnier, chacun honore sa situation comme il l'entend. Ce qui est plus intéressant pour nous, c'est que M⁰ Pouillet est président de la Société littéraire et artistique internationale, c'est qu'il fait profession de s'occuper avec chaleur de la propriété littéraire, c'est qu'il passe pour avoir la spécialité de nous aimer et de défendre nos droits dans le monde entier. Et, dernièrement encore, ne l'a-t-on pas vu faire partie de ce Congrès qui s'est réuni à Paris, pour reviser la convention de Berne, — un Congrès où il nous représentait sans doute en délégué omnipotent, car pas un seul de nous, écrivains, mes frères, n'a été appelé à y formuler nos vœux ?

Et c'est cet homme qui vilipende M. Bourget, qui plaide pour M. Lemerre la plus douteuse des causes, et qui la plaide d'une exécrable manière, en apportant sur le contrat d'édition une théorie inacceptable, qui a soulevé, au Palais, je le sais, une véritable surprise. Il a soutenu que l'auteur n'était pas l'associé de l'éditeur, que le contrat d'édition n'était pas un contrat de participation, mais un contrat de confiance; de sorte que l'éditeur doit être cru sur parole, qu'il n'a pas de pièces justificatives à fournir, et que l'auteur n'a qu'à prendre le parti de se taire, du moment qu'il ne peut convaincre l'éditeur de vol.

Mais il y a mieux, ces extraordinaires affirmations sont basées sur des raisonnements plus extraordinaires encore. Savez-vous pourquoi l'auteur n'est pas l'associé de l'éditeur ? C'est parce que lui ne risque rien dans l'affaire, tandis que l'éditeur risque son argent. L'auteur ne risque rien ! mais il risque tout, son cerveau, son cœur, son âme, sa vie entière ! C'est lui qui est l'enjeu, et l'éditeur n'est que l'exploiteur qui passe. Toujours au fond se retrouve l'idée de l'éditeur bienfaiteur, de l'éditeur Mécène, à qui l'auteur doit tout. M. Bourget, par son talent, par son travail, conquiert une des plus hautes places dans notre littérature, et voilà Mᵉ Pouillet qui nous apprend que cette place, c'est à M. Lemerre qu'il la doit. Ah ! non, laissez-moi rire ! M. Bourget ne doit absolument rien qu'à lui-même, et, quant à M. Lemerre, il doit sa fortune à M. Bourget, voilà le vrai ! Sans auteur, pas d'éditeur, tandis qu'on peut très bien concevoir l'auteur sans l'éditeur, l'auteur par exemple qui s'édite lui-même. Et je dis ces choses, parce qu'il faut qu'elles soient dites; mais je n'en suis pas moins pour les plus affectueux des rapports entre éditeurs et édités, avec la mutuelle gratitude des services rendus et reçus.

Déjà, dans la très louche affaire des éditeurs Letouzey et Ané, dont il avait gagné la cause, l'attitude de M° Pouillet m'avait étonné. Et aujourd'hui ma conviction est faite, il est pour nous le traître, l'avocat passé à la partie adverse. Il nous aime bien, jure qu'il défend toujours nos droits ; mais nous le trouvons toujours l'avocat de l'éditeur, de l'exploiteur, contre nous. Et il explique cela par la force même de son amour, il dit qu'il veut sauver l'auteur de ses propres excès, en plaidant contre lui. Merci bien ! N'est-ce pas du plus prodigieux comique ? Laissez-vous exploiter, mes petits, fermez les yeux, si l'on vous ment un peu sur les tirages, et vous aurez au moins ce point de ressemblance avec La Fontaine et Corneille !

Et c'est M° Pouillet qui a défendu nos droits

dans le dernier Congrès de la propriété littéraire ! Ah ! écrivains, mes frères, comme ils étaient bien défendus, nos droits, et avec quelle énergie il a dû faire triompher l'étrange amour qu'il nous porte !

* * *

La conclusion de tout ceci est que M. Bourget a rendu un grand service aux écrivains, en faisant déclarer par un tribunal que le contrat d'édition est bien un contrat de participation, qui donne à l'auteur un droit de contrôle absolu. Et nous lui devons tous des remerciements, pour avoir fait définitivement fixer ce droit, au milieu des ennuis et des dégoûts d'un pareil procès.

Avec M. Lemerre, c'est la fin d'un monde. Ce qui lui arrive devait arriver, car il était le dernier de ces éditeurs à l'ancienne mode, mâtinés de bienfaiteurs et de joueurs, se vantant de ne pas tenir de livres, tutoyant leurs auteurs et les payant à leur fantaisie, en faisant entrer dans le compte la part d'immortalité dont ils se croyaient les dispensateurs. Tout cela, c'est bien fini, et nous venons d'assister à l'écroulement.

La propriété littéraire est une propriété, et

le travail littéraire doit être soumis aux lois qui règlent actuellement l'exploitation de tout travail, quel qu'il soit. La justice et la dignité sont là, et pas ailleurs. Depuis des années déjà, les grandes maisons d'édition de Paris le savent bien, car elles n'ont pas d'autre règle de conduite, tenant leurs livres de commerce avec un soin scrupuleux, et toujours prêtes à les montrer aux auteurs qui désirent connaître leurs comptes.

Sans doute, bien des froissements seront évités, lorsqu'on aura trouvé un moyen de contrôle pratique, pour les tirages. Nous l'avons beaucoup cherché, à la Société des Gens de lettres, et je sais qu'on l'y cherche encore. On finira par le trouver, ce n'est pas douteux, et ce qui est certain aussi, c'est que toutes les grandes maisons d'édition sont prêtes à l'accepter, s'il est vraiment applicable. Alors, l'antique querelle sera terminée, et, s'il n'y a pas plus de talent, il y aura tout de même un peu plus d'honnêteté sur la terre.

LES DROITS DU CRITIQUE

LES DROITS DU CRITIQUE

Le monsieur s'obstine. Il veut avoir raison, il allègue les droits du critique. C'est très bien. Examinons cela, et précisons, puisque, cette fois, il s'agit de préciser.

D'ailleurs, j'avais l'intention, après avoir établi dans un premier article les droits du romancier, d'en écrire un second, pour fixer également les droits du critique. Cela devait faire pendant : un diptyque. Et, puisque l'occasion heureuse s'en présente, il est bon, je crois, que je la saisisse, afin d'accrocher tout de suite le second panneau à côté du premier.

Mon désir n'est pas de m'en tenir à mon cas personnel, car, s'il y a une querelle séculaire entre l'auteur et l'éditeur, il y en a une tout aussi séculaire, et plus âpre, entre l'auteur et le critique. De là, l'intérêt général et toujours passionnant. Voyons donc où en est l'éternel massacre entre l'écrivain qui enfante et l'écrivain qui juge les enfants des autres !

* * *

Les droits du critique, mais c'est bien simple : ils sont absolus. Je les accepte sans restriction aucune, sans limite. Comme le monsieur le dit excellemment : « Lorsqu'un livre est en vente dans les vitrines, il est exposé par là même aux libres opinions. » Et il ajoute, avec plus de raison encore : « En étudiant *Rome* comme je l'ai fait, j'ai usé d'un droit que je partage avec le public tout entier. » Ce n'est pas assez dire, je voudrais trouver des mots plus forts, plus décisifs, pour déclarer la liberté totale, le pouvoir sans frein du critique analysant et jugeant un livre.

Mais où diable le monsieur a-t-il vu que je contestais ces droits ? Où diable va-t-il chercher que je veux transformer la critique en une agence de complicité commerciale avec les libraires, en un courtage au profit d'un syndicat d'exploitation ? Où diable prend-il que j'invente, à mon bénéfice, un crime de lèse-majesté qui n'est point d'accord avec nos mœurs ni avec notre régime de libre examen ? Il me représente comme furieux à la suite de ses attaques, ne pouvant les tolérer, sautant sur ma plume pour venger mon orgueil en sang. Ah! le pauvre monsieur! J'en ai vu bien d'autres. Ce serait vraiment un très grand malheur pour moi, si les attaques me bouleversaient à ce point. Il ignore donc que pas un jour ne se passe, je devrais dire pas une heure, sans que je reçoive, sous bande, ou dans une enveloppe, quelque article injurieux, avec l'injure soulignée au crayon rouge. Et, depuis trente ans, cela dure. Je le demande, que serais-je devenu, vivrais-je même encore, si j'étais sensible à la discussion et prompt à la rage, comme il le prétend? Non, non! tel que le légendaire Mithridate, je suis fait au poison. On m'en a tant abreuvé, que, je l'ai dit un jour, les plus hideux crapauds du jardin de la critique ne me causent même plus la moindre nausée.

Donc, le monsieur fera difficilement de moi un débutant susceptible, regimbant à la première piqûre. Et il me donnera plus difficilement encore pour un écrivain qui refuse au critique ses droits, le veut réduire aux seuls éloges, ne rêve que de sucre, de couronnes et de palmes. Toute ma vie de libres discussions ardentes proteste. J'ai répété à satiété que le critique a tous les droits, comme il a aussi toutes les responsabilités. Il n'est pour lui qu'un frein, la pensée du terrible compte qu'il aura fatalement à rendre un jour des jugements qu'il porte. Imaginez que ces jugements soient faux et qu'il les ait rendus méchamment, en toute bêtise ou en toute mauvaise foi, et alors quel héritage de honte il laisse là sur sa mémoire, quand, plus tard, devant les générations futures, le livre vilainement bafoué resplendit et triomphe! Nous avons, sur Balzac, des articles qui restent l'éternel déshonneur des critiques qui les ont écrits.

Mais, si le critique veut courir cette mauvaise chance, en s'acharnant sur une belle œuvre, d'être convaincu plus tard d'avoir été un sot ou un méchant, il en a bien le droit. Encore un coup, je n'entends borner par rien son champ de manœuvre, et qu'il pousse même jusqu'à la licence son droit de se tromper ou de montrer une vilaine âme! Seulement, moi aussi, du moment que j'ai acheté le journal et que j'ai lu son article, j'ai le droit de dire qu'il se trompe ou qu'il a une vilaine âme. J'ai payé le journal trois sous, me voilà critique à mon tour, et mon droit de le juger est aussi absolu que son droit de juger un romancier. La critique du critique, mais c'est de la critique encore, et de la plus intéressante, de la plus utile, car rien n'est plus sujet à revision qu'un jugement littéraire. Et il serait vraiment monstrueux, en ce siècle qui discute Dieu si rudement, que le critique, après s'être arrogé la propriété totale du libre examen, s'opposât à ce qu'on l'examinât librement lui-même!

Sans doute, un romancier qui se permet de juger un critique, à la suite d'une attaque de celui-ci, est dans une assez délicate posture. Tout de suite, on crie à l'orgueil blessé, à un besoin maladif d'éloges, et de là il n'y a pas loin à l'accuser de vouloir fermer les bouches, obscurcir les consciences, éteindre le soleil de la vérité éternelle. Il vaut mieux se taire, et c'est ce que nous faisons toujours; mais nous n'en pensons pas moins. Et, tout de même, personnellement, cela ne m'a jamais empêché de ne pas me taire, quand il m'a plu de ne pas me taire. C'est contre l'usage, qu'importe! et si je cours quelques dangers, tant mieux! cela me tient en haleine. Je laisse même mon roman de côté, je ne le défends pas. Mais le critique m'appartient, et je le juge, et j'exerce carrément mon droit, comme il a exercé le sien. Si, aujourd'hui, le procès reste confus, on verra bien, plus tard, quel était, des deux, l'écrivain honnête.

Ah! si mes frères, les romanciers, voulaient parler, quels dossiers nous laisserions sur les critiques! Nous les connaissons tous si à fond, nous avons si longuement pénétré la bonhomie de celui-ci, le dilettantisme de celui-là, l'austérité dogmatique de cet autre! Moi, si l'on veut, je m'engage, pour mon prochain livre, à écrire à l'avance les articles de nos principaux critiques, et à les déposer chez un notaire, sous pli cacheté. On verrait si je les connais jusqu'à l'âme! Eh bien! puisque l'occasion m'en livre un, il me plaît cette fois encore de ne pas me taire, et de l'étiqueter, et de dire quel a été son rôle dans un cas que je connais d'autant mieux qu'il m'est personnel.

Nous avons eu la comédie rosse, voici venir la critique rosse. Le monsieur est le critique rosse, oh! dans sa floraison la plus lettrée et la plus suave.

**
* **

Surtout ne laissons pas le monsieur donner le change. Les droits du critique, l'amour de la vérité dans les lettres, balivernes! Mettons même *Rome* à part, il s'agit bien de mon roman, qui n'a été qu'une occasion! Et racontons l'histoire.

Le 9 février dernier, le monsieur publiait dans un journal du soir un article intitulé : « le Cas de M. Émile Zola. » D'abord, il m'y présentait, comme dans la basse presse, en candidat ridicule et éhonté, que le désir d'entrer à l'Académie abêtit et démoralise. « Il passe sa vie en fiacre, ne sortant de voiture que pour grimper les étages des Quarante... Il observe des ameublements, il note des vestons, il pige des intérieurs... Il tâche d'attendrir les uns, de terroriser les autres. » Vous voyez la suite, toutes les faciles plaisanteries, que le monsieur sait parfaitement être des mensonges.

Puis, il cherche dans le journal de mon vieil ami Edmond de Goncourt, ce qui pourrait bien, en la circonstance, m'être désagréable et nuisible; et il l'imprime. Puis, il fouille la collection du journal où il écrit, pour en déterrer un vieil article de M. Anatole France sur *le Rêve*, de façon à me faire dire par le dernier académicien élu que je suis un romancier « à quatre pattes ». Puis, c'est un emprunt à M. Brunetière, ancien de dix ans, déclarant que « je m'enfonce de plus en plus dans l'ignoble ». Puis, c'est ma querelle avec certains jeunes, l'article que j'ai publié ici même, dont il affecte de n'avoir pas compris le sens ironique, j'allais dire symbolique, pour y voir une avance à l'Académie, ce qui est un véritable comble. Puis — et c'est ici que la chose s'aggrave, jusqu'à devenir tout à fait laide — il va chercher dans mes livres de critique ce que j'ai écrit autrefois de l'œuvre de Dumas, de grandes sévérités, pour les exhumer à la pleine lumière actuelle. Et, enfin, il termine, à propos du fameux recueil qu'on avait annoncé, un choix de mes pages les plus hardies, en le blâmant, mais en faisant l'énumération des pages qu'on pourrait y mettre.

J'insiste sur mes anciennes critiques, au sujet des œuvres de Dumas. Il faut savoir que Dumas votait pour moi, faisait campagne pour moi, de sorte qu'il semblait m'avoir indiqué comme son successeur possible. Nous avions causé très amicalement ensemble de nos vieilles polémiques littéraires, sans rien abandonner ni l'un ni l'autre de nos idées, considérant simplement ces polémiques d'autrefois ainsi que des batailles loyales, après lesquelles il était beau et vaillant de se serrer les mains. Et que pensez-vous du monsieur qui se montre plus susceptible que Dumas, qui va exhumer ces querelles oubliées, pour l'unique joie de les jeter en travers de mon élection ?

Voyons, le jour où le monsieur a écrit cet article, était-il un critique, avait-il acheté quelque part le droit de glaner, en chiffonnier, en ramasseur de petits papiers, toutes les petites saletés qui pouvaient m'être déplaisantes et me nuire ? Il ne jugeait pas un roman, ce jour-là, il ne pouvait pas crier qu'il était le défenseur du libre examen menacé. Lisez l'article, c'est une lecture pleine d'enseignement. Toutes les phrases portent, il n'en est pas une qui ne veuille être meurtrière. Le fiel déborde, l'article sue le poison, jusque dans ses virgules, et hypocritement, sans la bravoure littéraire, haute et en face, d'un esprit qui soutient une croyance opposée, la foi de son intelligence et de son cœur. Car le monsieur ajoute toujours quelques fleurs pour cacher les serpents, il n'oublie jamais, par tactique, le petit couplet au talent ; de sorte que, si l'on s'avisait de protester, il s'étonnerait, ferait le naïf : « Comment ! l'auteur n'est pas satisfait ? N'ai-je pas dit qu'il avait du talent ? Que veut-il donc de plus ? » Et l'article roule son flot de perfidies empoisonnées.

Pendant la semaine qui suivit l'article du 9 février, je rencontrai cent personnes qui me

dirent le même mot : « Ah ! la jolie rosse ! »
On baptisait le monsieur. Et, en vérité, l'article
finissait par une perle. Après avoir travaillé de
son mieux à noyer mon élection dans la boue, il
terminait par cette phrase : « Si M. Émile Zola
n'est pas élu, il ne devra s'en prendre qu'à lui-
même. » La voilà bien, la rosserie, la voilà
bien !

*
* *

Mais continuons l'histoire. Le drame se corse
et va éclater.

Rome paraît, et le monsieur donne à son
journal un premier article, le 17 mai. Il était
quelconque, une analyse du sujet, un résumé
bâclé, accompagné d'extraits pris au hasard,
sans qu'on pût savoir pourquoi ceux-ci plutôt
que d'autres. Une incompréhension affectée
des grandes lignes du livre, des problèmes religieux et sociaux que l'auteur avait voulu y étudier. Un de ces volontaires salmigondis, comme
le *Tintamarre* en publie par farce, et où il est
si aisé de ridiculiser une œuvre. Si cela est de la
critique, je le veux bien, mais cela ne fait honneur ni au critique qui l'écrit, ni au journal
sérieux qui le publie. Seulement, le monsieur

annonçait un second article, et il terminait par cette phrase : « Il faut analyser cette gangue, trier le déchet, extraire les morceaux de métal précieux, les effigies durables et les pages belles. » Ma foi, je l'avoue, j'ai été assez naïf pour attendre avec quelque curiosité le second article, en pensant que le monsieur allait sans doute enfin faire œuvre de critique et que cela pouvait m'intéresser.

Mais, ici, faites bien attention que l'élection académique allait avoir lieu le 28 mai, et que l'article annoncé devait paraître le 24 mai, quatre jours auparavant, juste le temps au poison d'agir, si une main experte savait le verser. Et c'est alors que le monsieur a eu la triomphante idée de lancer son accusation de plagiat. Excellent cela, à la veille du vote ! Voilà qui était bien fait pour jeter le trouble parmi les électeurs hésitants ! Moi, naïf, qui attendais une critique raisonnée, ah bien, oui ! Certes, si le monsieur avait discuté une méthode, ma méthode de travail, rien n'aurait été plus juste. On a bien le droit de discuter une méthode de travail et de la trouver mauvaise. Mais tout l'article tendait à dénaturer ma façon de me documenter, à laisser entendre que mon livre n'était fait que d'emprunts, à faire en un mot de moi un éhonté plagiaire, sachant très bien l'idée de crime littéraire infamant qui s'attache de nos jours au plagiat.

Est-ce de la critique? est-ce de la critique, encore une fois? N'est-ce pas du meurtre, l'intention assassine ne s'étale-t-elle pas à chaque ligne, comme je l'ai dit? Et le couplet au talent y est toujours, allez! Voilà un auteur bien difficile de ne pas se contenter qu'on lui accorde du talent, lorsqu'on essaye de l'égorger en disant qu'il vole les autres! Sans compter les niaiseries, les grossièretés, que le monsieur me prêtait gratuitement, tout cela pris à des commérages, à ces fameuses interviews, où l'on me fait dire régulièrement ce que je n'ai pas dit, et sur mon séjour à Rome, et sur le Pape, et sur ma façon de me renseigner à coups de pourboires aux domestiques. Est-il permis qu'un critique, qui est un lettré, qui écrit dans un journal grave, argumente sur de si évidents mensonges? Et c'est lui qui m'accuse de me servir des premiers documents venus! Mais le pauvre homme ne s'aperçoit donc pas qu'il ne s'appuie même pas sur des documents et qu'il vit des inavouables déchets du bas journalisme!

De nouveau, toutes les personnes que je rencontrais me répétaient le juste mot : « Ah! la

jolie rosse ! ah ! la jolie rosse ! » Des amis à moi
s'indignaient de cette manœuvre de la dernière
heure, me poussaient à répondre tout de suite.
Je n'ai pas voulu, et, lorsque le monsieur s'étonne que j'aie attendu quinze jours, c'est simplement qu'il ne me plaisait pas de me défendre
avant l'élection. Les choses s'y sont d'ailleurs
passées telles que je les prévoyais, et je suis
absolument convaincu que la rosserie du monsieur n'a eu aucune influence sur les votes des
académiciens. Mais rosserie elle est, et rosserie
elle restera.

* * *

A qui donc, je le répète pour conclure, le
monsieur fera-t-il croire que je nie les droits
du critique et que j'ai voulu le bâillonner ? Ces
droits, je les ai exercés, je les ai subis, si largement, depuis tant d'années, qu'il est vraiment
enfantin de me présenter comme un despote
nourri de sucre, qui ne veut pas connaître le
fiel.

Que mes frères, les romanciers, malmenés par
le monsieur, trahis et salis, se taisent, ne disent
pas tout haut l'opinion générale qui s'est peu à
peu faite sur sa partialité, son besoin de décon-

sidérer le talent et de souiller le succès, je le comprends, ce sont des sages. Mais moi, je ne suis pas un sage. J'ai revendiqué le droit de juger le juge, et rien au monde ne peut m'empêcher d'exercer ce droit. Qu'il ait mal à l'estomac, ce serait encore l'explication la plus heureuse pour lui. Dans ce cas, je le plaindrais. Mais, ma foi, qu'il en souffre et qu'il en meure, si c'est le flot de sa bile littéraire qui a empoisonné sa conscience de critique !

Voyez-vous, petit monsieur, je n'ai plus qu'une envie, dans les articles que je donne à ce journal, c'est de faire, si je le puis, un peu de vérité et de justice. Oui, je n'ai repris ma plume de journaliste que pour cette besogne, et je mets là l'unique passion de ma vieillesse commençante : être intellectuellement très brave, écrire ce que beaucoup d'autres pensent et n'écrivent pas. Oh ! je sais ce que cela m'a déjà coûté et me coûtera encore. Mais j'aurai eu la joie de me satisfaire.

FIN

TABLE DES MATIÈRES

	Pages
L'Opportunisme de Léon XIII	3
La Vertu de la République	19
Le Solitaire	35
A la Jeunesse	51
Le Crapaud	67
L'Amour des Bêtes	85
La Société des Gens de Lettres : Ce qu'elle est	101
La Société des Gens de Lettres : Ce qu'elle devrait être	119
La Voyante	135
La Propriété littéraire	153
Peinture	171
L'Élite et la Politique	187
Pour les Juifs	203
Dépopulation	217
Enfin couronné	231
Les Droits du Romancier	245
Auteurs et éditeurs	263
Les Droits du Critique	283

3836. — L.-Imprimeries réunies, rue Mignon, 2, Paris.

www.ingramcontent.com/pod-product-compliance
Lightning Source LLC
Chambersburg PA
CBHW071141160426
43196CB00011B/1969